Von Karl Häusler ist bei BASTEI LÜBBE TASCHEN-
BÜCHER außerdem lieferbar:
60576 Tödliche Lust

Über den Autor:
Karl Häusler, geboren 1929, war Kripochef in Augsburg und von 1985 bis 1989 Kriminaldirektor der Kriminalpolizei in Nürnberg. Er veröffentlichte zahlreiche Kriminalgeschichten, u. a. im *Criminal-Digest.* In Buchform sind von ihm erschienen: *Mörder unter sich* (2002), *Der Tod ist weiblich* (2003), *Karussell der Toten* (2004), *Mörder von heute auf morgen* (2006), *Wenn's um Geld geht: Raubüberfall* (2006). Heute lebt Karl Häusler als freier Autor in Ingolstadt.

KARL HÄUSLER

Verliebt, verlobt, ermordet

Authentische Kriminalfälle

BASTEI LÜBBE TASCHENBUCH
Band 60582

1. Auflage: Juli 2007

Die Namen der Täter, Opfer und Zeugen sowie einige Handlungsorte wurden aus persönlichkeitsrechtlichen Gründen verändert. Für die so neu erfundenen Namen erklären Autor und Verlag, dass Personen dieser Namen in den behandelten Kriminalfällen in keinem Fall agiert haben. Übereinstimmungen wären rein zufällig.

Vollständige Taschenbuchausgabe
der im Militzke Verlag, Leipzig, erschienenen Hardcoverausgabe

Bastei Lübbe Taschenbücher in der Verlagsgruppe Lübbe

Copyright © 2005 by Militzke Verlag e. K., Leipzig
www.militzke.de
Lizenzausgabe: Verlagsgruppe Lübbe GmbH & Co. KG,
Bergisch Gladbach
Lektorat: Anke Zeitschel
Umschlaggestaltung: Tanja Østlyngen
Titelbild: © getty-images/Beth Dixon
Satz: Jeanette Frieberg
Druck und Verarbeitung: Ebner & Spiegel GmbH, Ulm
Printed in Germany
ISBN 978-3-404-60582-8

Sie finden uns im Internet unter
www.luebbe.de

Der Preis dieses Bandes versteht sich einschließlich
der gesetzlichen Mehrwertsteuer.

INHALT

VORWORT 7
HEXENUNFUG UND TEUFLISCHES
MORDKOMPLOTT 9
DIE LEICHE IM ZINKBAD 20
TÖDLICHE EIFERSUCHT 31
MORD AM OFFENEN KAMIN 44
SZENEN GESCHEITERTER ZWEIERBEZIEHUNGEN 117
Scheidung auf türkisch 117
Richter als Mörder 121
Der »Trabrenn-Mord« 122
Schicksalhafte Eintragung im Tagebuch 124
Ende einer Studentenliebe 127
Außerehelicher Vaterschaftskonflikt 134
Erwürgt und verstümmelt 137
Eine verhängnisvolle Schülerin-Lehrer-Liebe 143
Geliebt und erstochen 147
Mit Schürzenbändern stranguliert 151
Tödliche Schwammerlsuche 156
Die befleckte Ehre 161
Karriere vor Familie 164
Ein Kuss für die Tote 167
Tragödie zweier Kinder 171
Tatmotiv Ekel 175
Messerattacken 177
Familiendrama 181
Entscheidung zwischen Ehefrau und Geliebter 183
»Stirb doch endlich, du Schlampe« 185

VORWORT

Bei den meisten Kapitalverbrechen werden die Kriminalisten und Staatsanwälte durch das Opfer zum Täter geführt. Die sogenannte Täter-Opfer-Beziehung spielt daher bei der Polizeiarbeit eine ganz besondere Rolle. Wissenschaftler bezeichnen die Lehre von dieser Beziehung als Viktimologie.

In mehr als 90 Prozent aller Tötungsdelikte gibt es zwischen dem Opfer und dem Täter länger andauernde, häufig sogar intime Beziehungen. Wenn solche Verhältnisse in die Brüche gehen, kommt es zu angespannten und meist dramatischen Szenen. Der vorsitzende Richter der Schwurgerichtskammer beim Landgericht München II erklärte in diesem Zusammenhang einmal: »Der Totschlag weicht nicht vom Normalfall ab. Bei den letzten 70 Verfahren dieses Gerichts handelte es sich bei gut der Hälfte aller Fälle um Partnerschaftskonflikte mit tödlichem Ausgang.«

Im vorliegenden Buch schildere ich teilweise in verknappter Form 24 Fälle, in denen sich die Gewalt des Täters gegen den ihm eigentlich am nächsten stehenden Menschen richtete, den Ehepartner oder auch Geliebten. Mit welcher Rigorosität aus Liebe Hass entstehen kann und mit welcher Bestialität Täter in derartigen Beziehungsgeflechten vorgehen können, wird anhand dieser authentischen Kriminalfälle besonders deutlich.

Daher möchte ich interessante Einblicke in die tragischen und verhängnisvollen Verstrickungen menschlicher Zweierbeziehungen gewähren, die letztendlich aus Sicht der Täter zu der unausweichlichen Schlussfolgerung führten, dass nur der Tod des Partners eine mögliche Lösung sei. Erwähnt sei an dieser Stelle schon einmal der Fall, in dem eine Frau gar eine Wahrsagerin bittet, ihren Mann tödlich verunglücken zu lassen, und zum anderen die Geschichte, in der ein Mann nach 30-jähriger Ehe seine Frau erschlägt, weil sie ihn verlassen wollte. Spektakuläre Kriminalfälle, mit denen ich zum Teil selbst befasst war und die mitunter monatelang durch die Presse geisterten, werden im vorliegenden Buch wieder aufgerollt und wahrheitsgetreu rekonstruiert.

Karl Häusler

HEXENUNFUG UND TEUFLISCHES MORDKOMPLOTT

»Glücklich, wirklich glücklich war unsere Ehe nur im ersten Jahr. Dann sah ich meinen Mann oft wochenlang oder mehrere Wochenenden hintereinander nicht. Er fuhr immer ohne mich weg. Und wenn er zu Hause war, dann beschimpfte er mich, drohte mir mit Erschießung und nannte mich Hure oder Drecksau.« So schilderte die attraktive Angeklagte Anneliese Herbst dem Gericht das Martyrium ihrer Ehe.

Mit 20 Jahren hatte die aus einem Dorf bei Landsberg am Lech stammende Anneliese Herbst den 27-jährigen agilen Maurermeister Heinrich Herbst geheiratet. Ein Jahr nach der Hochzeit kam eine Tochter zur Welt, drei Jahre später gab es abermals Nachwuchs in der Familie. Die Hektik, die der berufliche Aufstieg forderte, der Ehrgeiz, das von Anneliese Herbst in die Ehe eingebrachte kleine Baugeschäft in ein florierendes Unternehmen zu verwandeln, die Gier nach Geld, einem eigenen Haus und dem sonst für Neureiche als üblich angesehenen Lebensstandard brachten es mit sich, dass sich die Eheleute sehr bald auseinanderlebten.

Anneliese Herbst war meist mit den beiden Kindern allein, während ihr Ehemann sich nach des Tages harter Arbeit in den Nachtbars der nahen Großstadt amüsierte. Heinrich Herbst fuhr allein zum Skilaufen oder verbrachte die Ferien mit Freunden beim Segeln im Mittelmeer. Es war nur zu verständlich, dass die junge Unternehmergattin eines Tages dem Werben eines Kollegen aus der eigenen Firma nachgab und sich auf eine Affäre einließ. Dieses Verhältnis blieb in dem kleinen Dorf nicht lange geheim, auch der Ehemann hörte sehr früh davon. Es gab einen verheerenden Streit zwischen den Eheleuten, der aber bald durch eine Versöhnung beigelegt wurde. Doch schon nach kurzer Zeit herrschten in dem schmucken neuen Haus des Bauunternehmers wieder die gleichen Verhältnisse wie zuvor. Abermals suchte die allein gelassene, unterdessen 34-jährige Anneliese Herbst Trost bei einem anderen Mann. Im Zuge dieser zweijährigen Affäre sprach das Ehepaar auch erstmals über Scheidung. Doch die strittigen Besitzverhältnisse in der ehelichen Gütergemeinschaft, die Eltern, die gemeinsamen Kinder und letztendlich das Geld ließen scheinbar keinen Schlussstrich unter der gescheiterten Ehe zu.

Als Heinrich Herbst wieder einmal gleich zwei Monate allein beim Skilaufen verbrachte, fuhr die Bauunternehmergattin mit einer Freundin nach Augsburg, um sich beim Tanz zu amüsieren. In einem Lokal, das in der Stadt und im Umland abwertend nur »Witwensilo« genannt wurde, traf Anneliese Herbst ihre große Liebe, den von seiner Frau getrennt lebenden Raumausstatter Herbert Schneider. Dieser lebenslustige Mann, Vater dreier Kinder und von Freunden nur als »Stimmungskanone« oder »Urviech« bezeichnet, empfand zunächst nur Mitleid für die zierliche Frau. Später wuchs jedoch auch bei ihm die Liebe, fast täglich telefonierte das Paar miteinander oder traf sich an geheimen Orten.

Als Anneliese Herbst doch wieder einen gemeinsamen Urlaub mit ihrem Ehemann in Italien verbrachte, reiste der Geliebte den beiden sogar mit einem Freund nach.

Dem nun schon zum wiederholten Mal betrogenen Ehemann blieb die erneute Liaison seiner Gattin nicht lange verborgen. Doch tat er die Affäre lediglich mit dem Satz ab: »Der Schneider lebt ja 100 Kilometer weit weg, und da ist es mir egal.«

Die Hexenbeschwörung

Für Anneliese Herbst wurde das Zusammenleben mit ihrem noch angetrauten Ehemann immer qualvoller. Sie konnte sich vor allem ihrer neuen Liebe nicht so widmen, wie sie es sich ersehnte. Ein halbes Jahr war vergangen, als die Frau in einer Boulevardzeitung von einer adligen Dame las, die angeblich schon 20 Männer »totgehext« hatte. Das erschien ihr als ein Ausweg. Ausgerüstet mit einem Foto des Ehemanns reisten sie und ihr Geliebter zu der Magierin Ulla von Bernus nach Rothenburg nahe Fulda. Das »Hexenhaus« schockierte das Paar regelrecht, überall standen oder hingen Totenköpfe herum, beim Läuten erschien an der Tür ein Totenkopf, der ihnen die Zunge herausstreckte.

Für ein Soforthonorar von 150 Mark pendelte die Frau, die sich selbst magische Kräfte zuschrieb, mit allerlei Beschwörungen und Brimborium das Foto des gehörnten Ehemannes aus. Er sollte verhext werden und in naher Zukunft an den Folgen eines Verkehrsunfalls versterben. Die Prognose der Magierin lautete: »Der Mann ist schon fast tot. An einem Freitag im November wird er bei Glatteis und Schnee mit seinem Auto verunglücken, weil er sich über seine Schuldner so ärgern wird.«

»Können Sie uns das schriftlich geben?«, fragte Herbert Schneider interessiert. »Das kostet aber zusätzlich 60 Mark«, antwortete die geschäftstüchtige Adlige. Mit dem Rat, eine Lebensversicherung für den Mann abzuschließen, fuhr das naive Liebespaar heim. Einige Tage später traf die schriftliche Bestätigung der Wahrsagerin ein. Anneliese Herbst schloss gleich darauf eine Lebensversicherung über 120 000 Mark für ihren Mann ab und fälschte dazu seine Unterschrift.

An einem Freitag im November 1982 waren die Straßen tatsächlich spiegelglatt. Herbert Schneider telefonierte aufgeregt mit seiner Geliebten: »Steig heute auf keinen Fall in das Auto deines Mannes, es ist Glatteis draußen. Du weißt schon wegen der Prophezeiung.« Doch nichts geschah, der Bauunternehmer kutschierte unbeschadet wie eh und je mit seiner schweren Limousine durch die Lande. Aufgebracht beschwerte sich Anneliese Herbst brieflich bei der Magierin, da die Todesprognose nicht eingetroffen war. Sie bat um einen exakten »Sterbetermin«, da sie die ewige Warterei allmählich nervlich nicht mehr durchhalte. Die Hexerin entgegnete aber, dass »die Todeskurve beim Ehemann inzwischen überschritten« sei. Daraufhin beschloss das Liebespaar, die Sache nun doch selbst in die Hand zu nehmen, entwickelte einen teuflischen Plan und traf die erforderlichen Vorbereitungen. Die Zeit drängte, weil »man den Kindern die Weihnachtsfeiertage nicht mit einem Unglücksfall vermiesen« wollte.

Stunden zwischen Leben und Tod

Am Donnerstag, dem 17. Dezember 1982, saß der Bauunternehmer Heinrich Herbst noch auf ein Schwätzchen bei seinen Stammtischbrüdern im Gasthaus »Schaller« in Schwifting. Gegen Mitternacht ging die Runde auseinander, sodass sich Heinrich Herbst nicht mehr ganz nüchtern zu Fuß auf den Heimweg durch das draußen tobende Schneetreiben machte. Fluchend stellte er vor seinem Haus fest, dass das Hof- und Garagenlicht nicht brannte, auch das Tor stand offen. Der Hausherr ging daher zur Garage, um nach dem Rechten zu sehen. Im Dunkeln sprang ihn plötzlich eine Gestalt an. Ein Mann in einer ledernen Motorradkombination und mit einem Motorradhelm auf dem Kopf drängte den Bauunternehmer in die Ecke und drückte ihm einen mit Äther getränkten Lappen auf Mund und Nase. Instinktiv presste Heinrich Herbst die Hände vor das Gesicht und wehrte den Angriff so gut er konnte ab, doch durch den vorausgegangenen Alkoholgenuss hielt sich seine Gegenwehr in Grenzen. Schon benommen gewahrte er noch eine zweite Person, die das Garagentor schloss. Der Angreifer gab abermals Äther auf den Lappen und hielt dem Bauunternehmer den Bausch erneut ins Gesicht. Da hörte der Überfallene eine ängstliche Frauenstimme »Muss das sein?« fragen.

»Ja, Anneliese, das muss sein«, antwortete der Mann in der Motorradkombination. Da wurde dem Bauunternehmer augenblicklich klar: Das ist ja meine Frau, die da mithilft, mich bewusstlos zu machen, und er war mit einem Schlag wieder hellwach. Blitzartig erkannte Heinrich Herbst die Situation, reagierte geistesgegenwärtig und stellte sich bewusstlos, sein Alkoholrausch war wie weggeblasen.

Die Frau holte einen Schal und verband dem Opfer die Augen, anschließend wurde Heinrich Herbst gefesselt und in sein Auto geschleppt. Schließlich lag er auf dem Beifahrersitz, dessen Lehne zurückgeklappt war. Nachdem die Frau das Garagentor geöffnet hatte, glitt die schwere Limousine leise hinaus. Der Mann nahm am Steuer, die Frau auf dem Rücksitz Platz, wobei sie dem Opfer weiterhin den äthergetränkten Lappen auf Mund und Nase drückte. Nach kurzer gemeinsamer Fahrt stieg die Frau in einen am Straßenrand geparkten Citroën um. Die beiden Autos fuhren nun hintereinander durch das Schneetreiben in die dunkle Nacht, nach einer Fahrt von zirka 60 Kilometern hielt das Duo an einem Kiesweiher an der Bundesstraße 471 im Gemeindebereich Feldgeding bei Dachau. Der wache Heinrich Herbst stellte sich weiterhin bewusstlos. Das Paar brachte die schwere Limousine des Bauunternehmers bis auf einige Meter zur abfallenden Böschung am Wasser, dort richteten die beiden den »Bewusstlosen« unfallgerecht her. Dazu zerrten sie Heinrich Herbst auf den Fahrersitz und nahmen ihm Fesseln und Augenbinde ab. Zuletzt starteten die Angreifer den Motor, drückten den rechten Fuß des Opfers auf das Gaspedal, legten den Gang ein und warfen die Wagentür von außen zu.

Das Auto rollte langsam auf das Wasser zu. Heinrich Herbst hatte jedoch nur gewartet, bis ihm die Fesseln abgenommen worden waren. Er trat nun blitzschnell auf die Bremse und verriegelte die Türen von innen. Die Limousine stand zwar bereits bis zur Bodenwanne im Wasser, jedoch scheiterten alle weiteren Versuche des Paares, den Wagen tiefer hineinzuschieben. Das Fahrzeug ließ sich einfach nicht mehr bewegen, da die Hinterachse des Autos an der Uferböschung hängen geblieben war. Weil sie aber auch nicht mehr in das Wageninnere gelangen konnten, flüchteten die zwei mit dem Citroën. Im Rückspiegel sah das Duo noch, wie vom BMW aus hilfesuchend die Lichthupe betätigt wurde.

Mordplan »ins Wasser gefallen«

Der heimtückische Mordplan war misslungen, und nach seinem Auffinden berichtete Heinrich Herbst der Polizei ausführlich von den dramatischen Stunden und seiner Vermutung, dass seine eigene Ehefrau an der Tat beteiligt war. Nur wenige Stunden nach dem heimtückischen Überfall, der den Bauunternehmer beinahe das Leben gekostet hatte, erhärtete sich dieser Verdacht. Die 18 Jahre mit dem Unternehmer verheiratete Frau und Mutter seiner beiden 14 und 17 Jahre alten Töchter legte gleich nach ihrer Festnahme ein umfassendes Geständnis ab, sodass ihrem Liebhaber Herbert Schneider nichts anderes übrig blieb, als ebenfalls zu bekennen.

Anneliese Herbst hatte zwei Wochen vor der Tat bei ihrem Hausarzt eine Flasche Äther gestohlen. Den Mordplan schmiedete ihr Geliebter, er suchte auch den 60 Kilometer entfernten Baggersee bei Dachau als nasses Grab für den im Weg stehenden Ehemann aus. Sogar eine Art »Generalprobe« hatte das Paar einige Tage vor dem Überfall inszeniert. Als Heinrich Herbst am 17. Dezember 1982 zum Stammtisch in die Dorfgaststätte ging, sah die Ehefrau die Zeit für die Tat gekommen. Sie telefonierte mit ihrem Liebhaber, der mit seinem Citroën sofort herbeieilte und sich im Haus des Opfers für den Überfall herrichtete. Anneliese Herbst drehte die Sicherungen für das Hoflicht heraus, öffnete das Garagentor und suchte eine Kinderwindel, um sie mit dem Äther zu tränken. Gemeinsam lockten die beiden dann den alkoholisiert aus der Kneipe heimkommenden Ehemann in die Garage.

Der Prozess

Neun Monate nach der Tat, im September 1983, kam es vor dem Landgericht Augsburg zum Prozess gegen den Raumausstatter Herbert Schneider und dessen Geliebte Anneliese Herbst wegen versuchten Mordes an deren Ehemann Heinrich Herbst. Der Schwurgerichtssaal im zweiten Stock des Justizgebäudes hatte selten so einen Andrang erlebt wie am Tag des Prozessbeginns. Schon Stunden zuvor drängelten sich Zuschauer, Fernsehteams, Fotografen und weit mehr als ein Dutzend Journalisten in den Gerichtssaal. Als die Richter den Saal betraten und damit das Blitzlichtgewitter beendeten, war längst das Schild »Sitzungssaal überfüllt« vor die Tür gehängt worden. Der Ablauf des Geschehens war bald rekonstruiert, insoweit deckten sich die Schilderungen der Angeklagten mit den Aussagen von der Kriminalpolizei.

Aber vor Gericht wollten weder die untreue Ehefrau noch deren Liebhaber je daran gedacht haben, den Bauunternehmer Heinrich Herbst wirklich umzubringen. Man habe ihn lediglich so erschrecken wollen, dass er in eine Scheidung einwilligt. »Überhaupt«, so argumentierte Anneliese Herbst, »ist diese Hexerin doch an allem schuld.«

Die Magierin trat, bekleidet mit schwarzen Hosen und einem knallroten Pullover, mit kurz geschnittenem Haar und einer dunklen Sonnenbrille auf. So sah sie freilich nicht nach einer »Hexerin« aus. Die 70 Jahre alte Ulla von Bernus gab denn auch als Beruf Yogalehrerin an. In einer Zeugenvernehmung sollte sie den Richtern erklären, wie man einen lästigen Ehemann verhexen, mindestens aber anhand eines Fotos das exakte Todesdatum auspendeln könne. Dabei bestätigte sie den Besuch der beiden Angeklagten und stellte dem Gericht auch den Briefverkehr mit Anneliese Herbst zur Verfügung. »Nach dem Pendel stand der Mann mit 90-prozentiger Sicherheit vor dem Unfalltod«, erinnerte sich die Seherin.

Als die Angeklagten aufgefordert wurden, sich in einem Schlusswort zu äußern, murmelte Herbert Schneider nur: »Ich wollte nicht töten.« Seine Geliebte sagte mit tränenerstickter Stimme: »Ich wollte meinen Mann auf keinen Fall umbringen. Ich hätte es nie fertiggebracht, schließlich ist er ja auch der Vater meiner Kinder.«

Am dritten Verhandlungstag beantragte der Staatsanwalt je zwölf Jahre Freiheitsentzug für die Angeklagte und ihren Geliebten. »Sie haben in der Absicht gehandelt, den Ehemann zu töten. Beide sind gleichermaßen als Mittäter aktiv geworden, keiner hat nur Beihilfe geleistet. Die Heimtücke ihrer Tat hat mit dem Überfall in der Garage begonnen, als die Angeklagten den Bauunternehmer mit Äther betäubten. Die beiden handelten aus niedrigen Beweggründen, sie wollten freie Bahn für ihr Liebesverhältnis. Die Tat muss deshalb als versuchter Mord gewertet werden.«

Der Verteidiger von Anneliese Herbst, ein aus München angereister Staranwalt, warnte in seinem Plädoyer vor einer »Strafe als reiner Vergeltung«. Nach seiner Ansicht war die Tat keiner kriminellen Planung entsprungen, sondern der verzweifelte Versuch der Frau gewesen, den Partner loszuwerden, weil er auf ihr Scheidungsbegehren nur mit dem Verlangen nach dem ganzen Geld reagiert hatte.

»Die Angeklagte hat auch nicht aus sexueller Vergnügungssucht ein Liebesverhältnis nebenher gesucht«, sagte der Anwalt theatralisch, »nein, es ging ihr nur um ein Stückchen menschlichen Glücks, darum, in Frieden leben zu können.« Der Verteidiger stellte das versuchte Tötungsdelikt nicht in Abrede, verneinte aber die Merkmale für

Mord und wertete die Tat als versuchten Totschlag in einem minderschweren Fall. »Meine Mandantin hat sich in die Ecke gedrängt gefühlt und aus einer ausweglosen Situation heraus gehandelt.« Fünf Jahre Haft bezeichnete der Anwalt als angemessene Strafe.

»Dieser Mann wollte nicht töten. Er wollte es nur der geliebten Frau ersparen, weiter unter ihrem Ehemann leiden zu müssen. Heute ist der Angeklagte innerlich froh, dass nichts passiert ist.« So charakterisierte der Anwalt des Liebhabers seinen Mandanten. Er plädierte dafür, die Tat nur als Freiheitsberaubung und Körperverletzung zu werten.

Regungslos hörten sich Anneliese Herbst und Herbert Schneider das Urteil des Schwurgerichts an: neun Jahre Freiheitsstrafe wegen versuchten Mordes an dem Bauunternehmer Heinrich Herbst. Die Richter waren zu der Überzeugung gelangt, dass die Vorwürfe der Anklage, basierend auf vielen Detailvernehmungen und der von der Kriminalpolizei erstellten Dokumentation, mit nur geringen Abweichungen zutrafen. Danach hatte nach Überzeugung des Gerichts das Duo mit Tötungsvorsatz gehandelt und zumindest die Mordmerkmale der Heimtücke erfüllt. Der vorsitzende Richter kommentierte: »Für das Gericht stellt sich die Frage, wie verzweifelt und auch wie einfältig das Liebespaar gewesen sein muss, dass es sich bei der Suche nach einem Ausweg sogar um die Hilfe einer Wahrsagerin bemühte. Es muss wohl ein Gefühl der absoluten Ausweglosigkeit gewesen sein, das die Angeklagte und ihren Freund dazu gebracht hat, einen Mordanschlag zu verüben, der ebenso heimtückisch wie dilettantisch ausgeführt wurde.«

Der Prozess, in dem ein Drama rekonstruiert worden war, wie man es sonst nur aus dem Fernsehen kennt, war zu Ende. Die Verurteilten wurden zum Lift gebracht, der sie in die im Keller liegenden Zellen bringen sollte. In der offenen Kabine umarmte und küsste sich das Paar noch einmal. Prozessbeobachter werteten dies als Geschmacklosigkeit. »Lasst sie doch«, rief eine Frau in das empörte Stimmengewirr, »die sehen sich jetzt neun Jahre nicht mehr.«

DIE LEICHE IM ZINKBAD

Der 33-jährige Unternehmer Kurt Mayer betrieb in einem Vorort der Industriestadt Ingolstadt eine Feuerverzinkerei. Vier Arbeiter und zwei Angestellte halfen ihm in seinem Betrieb, in dessen Werkhalle mehrere Säurebecken installiert waren. Im Mittelpunkt der Anlage war eine sechs Meter lange, einen Meter breite und zwei Meter tiefe, mit 80 Tonnen flüssigem Zink gefüllte Stahlwanne im Boden eingelassen. In diesem ständig auf einer Temperatur von 450 Grad Celsius gehaltenen Schmelzbecken wurden mittels eines Laufkranes die Metallmaterialien eingetaucht und verzinkt. Ein Ölbrenner, der unter der Stahlwanne angebracht war, erzeugte diese enorme Hitze. Aus technischen Gründen war es erforderlich, dass das Zink im Schmelzbecken permanent auf hoher Temperatur gehalten wurde.

Als die vier Arbeiter am Donnerstag, dem 1. Juli 1982, um 6.50 Uhr in die Werkhalle kamen, lagen die zwei schweren Eisenrohre noch genauso am Kranhaken befestigt im Salzsäurebecken, wie sie sie am Vortag verlassen hatten. Die Zinkwanne war mit den dafür vorgesehenen drei Isolierdeckeln gesichert, und der automatische Ölbrenner unter dem Schmelzbecken funktionierte ordnungsgemäß. Die Männer nahmen jedoch einen sonst nicht üblichen scharfen und beißenden Geruch wahr, und aus dem Zinkbad drang durch die Ritzen der Abdeckplatten schwarzer Rauch heraus. Als die Männer die fünf Zentimeter dicken, zwei Meter langen, einen Meter breiten und zirka 80 Kilogramm schweren Abdeckplatten über dem Zinkbad wegschoben, bot sich ihnen ein Bild des Grauens. Auf der Oberfläche des heißen Zinkbades schwamm fünf Zentimeter dicke, lockere, lose Schlacke, in der größere Knochenstücke lagen. »Das wird doch wohl kein Mensch sein«, sagte einer der Arbeiter noch irritiert, beim näheren Hinsehen bemerkten die Männer aber einen menschlichen Schädel. Sie erschraken: Wie konnte ein Mensch in das mit schweren Platten abgedeckte Zinkbad kommen? Da alle Mitarbeiter der Firma unterdessen eingetroffen waren, schied ein Unfall aus. Der Firmeninhaber eilte daher in sein Büro und verständigte umgehend die Kriminalpolizei.

Einem geheimnisvollen Verbrechen auf der Spur

Im Kommissariat 11 der Kriminalpolizei Ingolstadt hatte gerade erst der reguläre Tagesdienst begonnen, als um 7.18 Uhr das Telefon klingelte. Die Mitteilung des Unternehmers Kurt Mayer löste sofort hektische Betriebsamkeit aus. Der Kommissariatsleiter schickte zunächst einen Streifenwagen der örtlichen Polizei zur Feuerverzinkerei Mayer und beorderte dann seine Mitarbeiter Hauptkommissar Wermer und Oberkommissar Lumer zum Fundort. Drei Beamte des Erkennungsdienstes rückten zur Spurensuche und -sicherung aus.

Die Kriminalbeamten fanden an der Oberfläche des heißen Zinkbads der Feuerverzinkerei die zum Großteil verkohlten Überreste eines menschlichen Körpers. Der Schädel, Teile des Beckens sowie größere und kleinere Knochen waren zu erkennen. Die Beamten dachten zunächst auch an einen Unfall, als sie aber erfuhren, dass das Zinkbad mit schweren Platten abgedeckt war, mussten sie ihre

Meinung ändern. Also handelte es sich um Mord, und die Spur zum Täter konnte vermutlich nur über die Identifizierung der Leiche führen. Die menschlichen Überreste wurden aus dem flüssigen Zink geborgen und die Gerichtsmediziner angefordert. Die folgenden routinemäßigen Überprüfungen führten auch zu dem italienischen Gastarbeiter Francesco Cosinogli. Dieser war sechs Wochen lang in der Feuerverzinkerei beschäftigt gewesen und zwei Wochen vor der Leichenauffindung vom Firmeninhaber wegen Unzuverlässigkeit entlassen worden. Er wohnte aber mit seiner Ehefrau noch in der Werkswohnung am Betriebsgebäude.

Der Gastarbeiter war jedoch verschwunden, und seine Wohnung stand leer. Nirgendwo in der Umgebung war der auffällige rote Mercedes des Italieners zu finden, und auch Cosinoglis Ehefrau war nicht auffindbar. Bereits am Nachmittag fanden die Kriminalbeamten heraus, dass Francesco Cosinogli eine sechs Jahre ältere deutsche Geliebte hatte: Waltraud Frey, 41 Jahre alt, Mutter von drei Kindern. Doch auch über ihren Verbleib wurde nichts in Erfahrung gebracht, ihr einfältiger alkoholkranker Ehemann konnte dazu keinerlei Angaben machen. Doch dann erfuhren zwei Kriminalpolizisten der 15-köpfigen Mordkommission, dass Francesco Cosinogli am frühen Morgen des 1. Juli mit seiner Ehefrau von Landsleuten gesehen worden war. Er hatte sich von mehreren Freunden verabschiedet, weil er nach Italien zurückkehren wollte. Die Leiche im Zinkbad konnte somit weder die des Gastarbeiters noch die der Ehefrau sein.

Die Polizisten ermittelten aber auch, dass seit dem Mittwochabend nicht nur die Arbeiterin Waltraud Frey, sondern auch deren zwölfjähriger Sohn Robert verschwunden war. Im Zinkbad hatten sich jedoch nur die Reste einer Leiche gefunden. Am Abend untersuchten die Gerichtsmediziner den Schädel aus dem Zinkbad und fanden im Oberkiefer einen Zahnersatz in Form einer Gaumenplatte aus Platin. Schnell war der Zahnarzt von Waltraud Frey ermittelt, der seine Unterlagen mit den Erkenntnissen der Gerichtsmediziner verglich: Die Tote im Zinkbad war eindeutig Waltraud Frey. Der Verdacht, dass Francesco Cosinogli mit dem Tod seiner deutschen Geliebten und der Beseitigung ihrer Leiche in Verbindung zu bringen war, verdichtete sich immer mehr. Von dem zwölfjährigen Robert Frey gab es allerdings überhaupt keine Spur.

Ein grausamer Fund

Vier Tage waren seit dem Auffinden der Leiche vergangen, in denen die Mordkommission der Kriminalpolizei die Landsleute Cosinoglis vernommen und das Umfeld der Getöteten und ihres Sohnes aufzuhellen versucht hatte. Die Medien berichteten wiederholt über das rätselhafte Verbrechen. Umfangreiche Suchaktionen nach dem Jungen waren erfolglos abgebrochen worden, als am Montag um 9.45 Uhr ein Anruf bei der Mordkommission einging: »Hören Sie, ich habe gerade vorhin beim Waldlauf nahe der Bundesstraße 16 auf einem Waldweg eine Geldbörse gefunden. Darin ist ein Schülerausweis auf den Namen Robert Frey.«

Die Kriminalbeamten verabredeten sofort ein Treffen mit dem Anrufer, dem Kraftfahrer Max Danzer. Dieser führte Hauptkommissar Wermer und Oberkommissar Lumer zum Auffindungsort der Geldtasche. Die Männer fuhren auf der Bundesstraße zirka 20 Kilometer ostwärts, bogen dann in eine geteerte Forststraße ein und hielten nach

70 Metern. Der Zeuge ging, gefolgt von den Beamten, nach rechts in einen mit Gras und Moos bewachsenen Waldweg. Auf dem Weg stellten sie Reifenabdruckspuren eines Personenkraftwagens fest. Nach 50 Metern gewahrten sie auf der moosbewachsenen Anhöhe in der Mitte des Waldweges deutlich eine etwa sieben Meter lange Schleifspur. Max Danzer zeigte etwa in der Mitte der Spur die Stelle, an der er die Geldbörse gefunden hatte. Die Kriminalbeamten suchten die nähere Umgebung ab, fanden jedoch nichts. Sie gingen schließlich auf dem Waldweg weiter und trafen nach 100 Metern auf eine kleine Lichtung. Von dort aus führte ein nur noch schwach als Weg erkennbarer Geländestreifen, der mit hohem Gras bewachsen war, auf eine Unterholzgruppe zu. Der Weg endete endgültig vor etwa zwei Meter hohen Fichten. Am Boden erkannten die Beamten deutlich ausgeprägt abermals eine Schleifspur, die ins Unterholz führte. Die Kriminalpolizisten gingen ihr nach und stießen nach 20 Metern auf eine Leiche. Es war ein Junge. Die Lage der Leiche, die Bekleidung und die Verletzungen wiesen darauf hin, dass der Tote an den Beinen über eine längere Strecke hinweg zum Ablageort geschleift worden war. Hauptkommissar Wermer eilte zum Dienstwagen zurück und rief über Funk die Kollegen vom Erkennungsdienst.

Nach der Spurensicherung vor Ort wurde die schon verwesende Leiche in das gerichtsmedizinische Institut gebracht. Die Kriminalbeamten waren sich sicher, dass sie die Leiche des verschwundenen Robert Frey gefunden hatten, mussten dies aber erst noch beweisen. Sie suchten deshalb nach dem Vater des Jungen, den sie am frühen Nachmittag in einer Kneipe fanden. Die Beamten eröffneten dem Angetrunkenen, dass man eine Leiche gefunden hatte, bei der es sich wahrscheinlich um die seines Sohnes handelte. Auf die Bitte, bei der Identifizierung mitzuhelfen, erinnerte sich der Vater schließlich an eine Zahnspange seines Sohnes, die noch in der Wohnung war. Die Spange wurde geholt und der Zahnarzt gebeten, die entsprechenden Unterlagen zur Verfügung zu stellen. Mit zwei Röntgenaufnahmen und einem Gebissabdruck von Robert Frey fuhr Oberkommissar Lumer schließlich zum gerichtsmedizinischen Institut, in dem die Mediziner gerade die Leiche obduzierten. Das Gebiss des Toten passte lückenlos in den vom Zahnarzt zur Verfügung gestellten Abdruck. Es handelte sich bei der Leiche also tatsächlich um Robert Frey. Zudem stellten die Gerichtsmediziner eindeutig fest, dass der Junge durch erhebliche stumpfe Gewalteinwirkung gegen den Brustkorb und die Nackenregion gewaltsam ums Leben gekommen war.

Tatverdacht

Schon am Tag der Auffindung der Leiche im Zinkbad zeichnete sich ein starker Tatverdacht gegen den Gastarbeiter Francesco Cosinogli ab. Der Italiener war immerhin zwei Jahre lang mit Waltraud Frey intim befreundet gewesen und hatte sich bis zuletzt mit ihr getroffen. Cosinogli kannte zudem die Zugangsmöglichkeiten zur Werkhalle und die Abläufe im Zinkschmelzbecken genau, und nicht zuletzt sein fluchtartiges Verschwinden erhärtete den Tatverdacht gegen ihn erheblich. Die Kriminalpolizisten leiteten deshalb bereits am 1. Juli die Fahndung nach Cosinogli ein. Doch der Tatverdächtige blieb verschwunden.

Am Tag nach der Auffindung der Leiche des zwölfjährigen Robert Frey erhielt die Mordkommission von Interpol Rom ein dringendes Fernschreiben. Die italienische Polizei in Tarento hatte Francesco Cosinogli aufgrund der internationalen Fahndung festgenommen. Der Mann bestritt jedoch energisch, auch nur im Entferntesten etwas mit dem Tod von Waltraud und Robert Frey zu tun zu haben. Seine Ehefrau wies ebenfalls jeden Verdacht weit von sich. Die zuständigen Justizbehörden ordneten daher die vorläufige Freilassung des Tatverdächtigen an, bis sie detailliertere Unterlagen aus Deutschland erhielten. Für die Mordkommission der Kriminalpolizei Ingolstadt galt es nun, in unermüdlicher Kleinarbeit eine Indizienkette zu knüpfen, die auch in ihrem schwächsten Glied ausreichen musste, um dem Italiener den Mord an seiner deutschen Geliebten und deren Sohn nachweisen zu können.

Zeugenvernehmungen ergaben, dass sich die beiden Mordopfer zehn Tage vor ihrem Tod mit dem Tatverdächtigen in dessen Wohnung in Italien aufgehalten hatten. Es fand sich auch ein Zeuge, der den roten Mercedes mit italienischem Kennzeichen zur tatkritischen Zeit in der Nähe des Auffindungsortes der Leiche des Jungen gesehen haben wollte. Schließlich meldete sich sogar ein Mann, den Cosinogli dazu aufgefordert hatte, Frau Frey gegen Bezahlung zu töten. Am Ende der kriminalpolizeilichen und gerichtsmedizinischen Arbeit blieb dem zuständigen Staatsanwalt nichts anderes übrig, als die italienischen Justizbehörden um Übernahme des Strafverfahrens zu ersuchen, denn eine Auslieferung des italienischen Tatverdächtigen nach Deutschland war nach den internationalen Gepflogenheiten nicht möglich. Nachdem alle Formalitäten zwischen der deutschen und der italienischen Justiz geregelt worden waren, wurde Cosinogli im Oktober verhaftet. Der Staatsanwalt in Tarento in der Provinz Apulien am südlichen Zipfel Italiens hatte das Strafverfahren übernommen.

Die Theorie von der Tat

Der Tatverdächtige und seine Ehefrau, die immerhin zumindest an der Leichenbeseitigung beteiligt gewesen sein konnte, leugneten weiterhin hartnäckig. Da es keine Tatzeugen gab, mussten die Beamten der Mordkommission die Abläufe genauestens rekonstruieren. Den Gerichtsmedizinern gelang es nicht mehr, die Todesursache von Waltraud Frey festzustellen, weil ihr Körper weitgehend im Zinkbad vernichtet worden war. An der Leiche des Zwölfjährigen hatten die Mediziner aber stumpfe Gewalteinwirkungen festgestellt, sodass sich die Frage stellte, ob der Tatverdächtige sein Opfer in Tötungsabsicht mit seiner schweren Limousine überfahren hatte. Auszuschließen war jedenfalls nicht, dass der italienische Gastarbeiter seine deutsche Geliebte auf nicht mehr festzustellende Weise tötete und ihr Sohn sterben musste, weil er Zeuge des Verbrechens geworden war. Außerdem musste angenommen werden, dass der Täter beide Leichen im heißen Zinkbad seines früheren Arbeitgebers verschwinden lassen wollte. Aber die Frage, wie der Mann die 80 Kilogramm schweren Eisenabdeckplatten über dem Zinkbad verschoben hatte, blieb unbeantwortet. Schließlich hingen am Tattag an dem solchen Zwecken vorbehaltenen Laufkran noch zwei schwere Rohre. Den Kran konnte er also nicht benutzt haben, hatte ihm also möglicherweise seine Frau beim Wegheben des Deckels geholfen? Den Kriminalpolizisten ließ die Frage keine Ruhe, sodass sie erneut zur Feuerverzinkerei fuhren und selbst versuchten, die Platten zu entfernen. Die Tragehaken der Deckel waren nicht heiß, sondern konnten mit bloßen Händen angefasst werden. Zwei Personen konnten ohne Weiteres eine Abdeckplatte wegheben. Aber gelang das auch einer Person? Der Selbstversuch bewies, dass der schwere

Deckel auch von einer Person an einer Seite hochgehoben und in senkrechter Stellung eingehakt werden konnte.

Andere Spuren brachten den Beweis dafür, dass der Täter mit einem in der Werkhalle liegenden Schlackeräumer versucht hatte, die Leiche im Zinkbad unterzutauchen. Erst als er feststellen musste, dass der menschliche Körper dabei nicht vollkommen verbrennt, hatte er sich wohl entschlossen, die Leiche des Jungen anderweitig verschwinden zu lassen. Auf seiner Reise in die italienische Heimat musste Cosinogli die makabere Fracht dann in die Fichtenschonung nahe der Bundesstraße geschleift haben.

Das Urteil

Francesco Cosinogli wurde zwei Jahre nach der Tat vor dem Schwurgericht in Tarento der Prozess gemacht. Der Staatsanwalt beschuldigte den Angeklagten, in Deutschland die 41-jährige Waltraud Frey und deren zwölf Jahre alten Sohn ermordet zu haben. Der ehemalige Gastarbeiter und seine wegen Falschaussage mitangeklagte Ehefrau verfolgten den Prozess mit wachsendem Optimismus. Von den 50 geladenen deutschen Zeugen waren nämlich nur zwei deutsche Kriminalbeamte und der ehemalige Arbeitgeber des Angeklagten vor dem italienischen Gericht erschienen. Doch da tauchte unangemeldet der Ehemann der Ermordeten im Gerichtssaal auf. Publikum und Geschworene konnten beobachten, wie der Angeklagte in seinem Gitterkäfig sichtlich außer Fassung geriet.

Der Ankläger forderte schließlich für Francesco Cosinogli lebenslange Haft wegen zweifachen Mordes und wegen der besonders grauenhaften Leichenbeseitigungsmethode zusätzlich vier Jahre Gefängnis. Das Schwurgericht blieb mit seinem Spruch unter der Forderung des Staatsanwalts, es verurteilte den Angeklagten wegen Mordes in zwei Fällen zu 25 Jahren Gefängnis, seine Ehefrau wurde freigesprochen. Cosinogli leugnete die Taten auch noch nach dem Urteilsspruch.

Stolpersteine des Verbrechens

Dem 31 Jahre alten Francesco Cosinogli war es gelungen, seine 41-jährige Geliebte zu töten und die Leiche auf so raffinierte Art zu beseitigen, dass es beinahe schien, als müsste die Tat in die Zahl ungeklärter Verbrechen eingereiht werden. Fast wäre ihm der perfekte Mord ohne Leiche auch gelungen. Dass dies letztlich nicht geschah, lag an Umständen und Zufällen, auf die der Mörder keinen Einfluss hatte. Zweifellos war er davon ausgegangen, die Toten spurlos beseitigen zu können. Jedoch hatte der Täter bereits beim Versuch, die Leiche seiner ehemaligen Geliebten zu vernichten, die erste Enttäuschung erleben müssen. Die Leiche war in dem flüssigen Zinkbad nicht versunken, und selbst als er die Tote untertauchen wollte, war ihm dies nicht gelungen. Der Grund hierfür ist für einen Fachmann im Grunde ganz einfach: Zink hat ein weit höheres spezifisches Gewicht als der menschliche Körper.

Selbst die Annahme, dass die Leiche in dem 450 Grad Celsius heißen flüssigen Zink schnell und restlos verbrennen und nur mehr undefinierbare Schlacke übrig bleiben würde, hatte sich als Trugschluss erwiesen. Nach Aussagen von Experten wären Reste der Leiche noch nach Tagen im Zinkbad festzustellen gewesen. Der Täter hatte die Leiche in der Nacht zu einem Werktag in die Halle gebracht. Nur wenige Stunden danach hatten Arbeiter der Feuerverzinkerei das mysteriöse Grab bereits geöffnet und so das Verbrechen aufgedeckt. Hätte der Mörder die Tote vor einer längeren Betriebspause, etwa am Freitag vor einem Wochenende, in das Zinkbad geworfen, wäre es ihm vielleicht gelungen, seinen Plan zu verwirklichen.

Andererseits waren von der Leiche zwar nur noch Knochenreste übrig, sodass eine Identifizierung anfangs unmöglich erschien, aber den Kriminalbeamten kam der Zufall zu Hilfe. Das Opfer trug nämlich bereits einen Zahnersatz, der die Feststellung der Personalien schließlich doch erlaubte. Waltraud Frey hatte sich zu Lebzeiten eine Gaumenplatte aus Platin anfertigen lassen. Dieses Edelmetall wäre aber erst bei 1 100 Grad Celsius geschmolzen. Daher konnte der Zahnarzt der 41-Jährigen anhand der von ihm gefertigten Gaumenplatte gutachtlich eindeutig aussagen, dass nur seine Patientin diese Platte getragen haben konnte. Wäre die Gaumenplatte wie in den meisten Fällen aus Plastik oder einem anderen leicht schmelzbaren Material gefertigt worden, hätte niemand mehr beweisen können, dass es sich bei dem Opfer um Waltraud Frey handelte.

Bei der Beseitigung der Leiche des zwölfjährigen Robert Frey handelte der Mörder offensichtlich bereits unter Zeitdruck. Trotzdem wählte er aber den Ablageort im dichten Unterholz abseits der Bundesstraße so, dass der Tote kaum gefunden werden konnte. Die Waldlaufleidenschaft des Kraftfahrers Max Danzer war dem Täter jedoch zum Verhängnis geworden, zumal er auch die Geldbörse mit dem Schülerausweis seines Opfers übersehen und die hinterlassenen Spuren außer Acht gelassen hatte. Selbst wenn die Leiche des Jungen erst viel später entdeckt worden wäre, hätte die fehlerhafte Zahnstellung im Kiefer des Opfers es noch ermöglicht, eine Identifizierung beweiskräftig durchzuführen.

TÖDLICHE EIFERSUCHT

Am Freitag, dem 17. Dezember 1982, nur wenige Tage vor Weihnachten, betrat der 52-jährige Verwaltungsangestellte Detlef Berger kurz nach elf Uhr das Polizeirevier seines Stadtviertels in Augsburg. Besorgt brachte er vor, dass seine Ehefrau seit dem Abend des vergangenen Tages spurlos verschwunden war. Als er aufgefordert wurde, nähere Einzelheiten anzugeben, berichtete er Folgendes: »Wir hatten gestern Abend einen kleinen Streit. Ich habe meiner Frau beim Öffnen der Badezimmertür aus Versehen den Kopf gestoßen. Daraus entwickelte sich dann eine Auseinandersetzung. Um weiteren Streitigkeiten aus dem Weg zu gehen, habe ich gegen 21.30 Uhr die Wohnung verlassen. Meine Frau war zu diesem Zeitpunkt im Kinderzimmer. Die Nacht über verbrachte ich in unserem Wochenendhaus in Kühbach. Das ist gut 30 Kilometer nördlich im Landkreis. Als ich heute Vormittag gegen 10.30 Uhr wieder in unsere Wohnung kam, waren meine verheiratete Tochter und der Chef meiner Frau da. Ich erfuhr, dass meine Frau nicht auf Arbeit erschienen war. Sie war aber auch nicht zu Hause. Meine Tochter hat bereits bei Bekannten und Verwandten angerufen, auch in den Krankenhäusern, aber nirgendwo ist meine Frau zu finden. Ich befürchte, dass sich meine Frau etwas angetan hat.«

Die Beamten des Polizeireviers nahmen eine Anzeige auf und gaben kurz darauf über das polizeieigene Fernschreibnetz eine Fahndung heraus: »Vermisst wird seit gestern Abend die 48 Jahre alte, verheiratete Angestellte Anna Berger ... Es besteht Freitodgefahr ...«

Ist die Vermisste tot?

Täglich verlassen aus den unterschiedlichsten Anlässen Eheleute ihre Partner, daher ist dies allein noch kein Grund für die Polizei, nach diesen Menschen zu suchen. Im Falle von Frau Berger waren die Umstände aber so ungewöhnlich, dass das Mordkommissariat, das auch für Vermisstenfälle zuständig ist, benachrichtigt wurde. Die Richtlinien über die polizeiliche Bearbeitung von solchen Fällen sehen vor, dass sich die Polizei nur dann einschaltet, wenn als Ursachen für das Verschwinden eine Straftat, ein Unglücksfall oder ein Freitod in Frage kommen. Normalerweise wird den Anzeigeerstattern auch vorbehaltlos geglaubt, und die Ermittlungen erstrecken sich auf mögliche Aufenthalte der Vermissten außerhalb des bisherigen Lebenskreises. Kriminalhauptkommissar Falb, der die Sachbearbeitung für diesen Fall übernommen hatte, begann aber mit seinen Untersuchungen aus einer unerklärlichen Eingebung heraus in der Wohnung der Eheleute Berger. Zusammen mit seinem Kollegen, Kriminalhauptmeister Severin, schaute er sich dort um. Einige Merkwürdigkeiten fielen ihnen sofort auf. So hingen die Schlüssel von Frau Berger noch am Schlüsselbrett in der Diele, und auch ihre persönlichen Sachen und Kleider fanden sich im Schrank. Auf dem Teppichboden im Flur gewahrten die Beamten einen größeren nassen Fleck.

»Das sieht gerade so aus, als wenn hier versucht worden wäre, Blutflecken zu entfernen«, meinte Hauptkommissar Falb ernst. Als ein wenig später vor der Wohnungstür und im Treppenhaus zu der im Hochparterre gelegenen Wohnung eingetrocknete Blutstropfen entdeckt wurden, verständigte Falb die Spezialisten vom Erkennungsdienst. Detlef Berger verhielt sich während der ganzen Zeit vollkommen passiv und gab sich desinteressiert. Er wurde zu einer ausführlichen Vernehmung zur Dienststelle gebeten, in deren Verlauf Hauptkommissar Falb erfuhr, dass die Verschwundene in den letzten Wochen und Monaten ein Verhältnis zu ihrem Chef unterhalten und der Ehemann davon erfahren hatte. Der Chef, die verheiratete Tochter sowie die Schwiegertochter von Anna Berger wurden anschließend vernommen.

Hauptkommissar Gerhard, der Leiter der Mordkommission, schickte zudem zwei Beamte zum Wochenendhaus der Bergers nach Kühbach. Drei weitere Polizisten erhielten den Auftrag, im Wohnblock und in der Nachbarschaft Erkundigungen über die Vermisste und verwertbare Beobachtungen einzuholen. Eine dritte Arbeitsgruppe erkundigte sich bei der Rettungsleitstelle, der Polizeieinsatzzentrale, der Taxizentrale und in den Krankenhäusern nach der Vermissten. Das Ergebnis dieser Aktivitäten war allerdings entmutigend. Im Wochenendhaus und in der näheren Umgebung in Kühbach fanden die Beamten weder die Frau noch hilfreiche Spuren. Den Rettungsstellen und Krankenhäuser lagen keine Eintragungen über Frau Berger vor.

Um 15.50 Uhr meldete ein Beamter der Spurensicherung, dass der Kofferraum des Autos von Detlef Berger zwar frisch ausgewaschen war, man dort aber dennoch Blutreste sichern konnte. Die Beamten, die mit der Hausbefragung beauftragt worden waren, berichteten um 17 Uhr, dass sie einen Zeugen ausfindig gemacht hatten, der am Vortag gegen 20 Uhr beobachtete, wie der Pkw von Detlef

Berger mit geöffnetem Kofferraum vor der Haustür des Wohnblocks stand. Dem Zeugen war außerdem aufgefallen, dass Berger sich nur mit einem ärmellosen Unterhemd bekleidet, das im Brustbereich deutlich verschmutzt war – möglicherweise von Blut –, daran zu schaffen machte.

Der Verdacht, dass Detlef Berger mit dem Verschwinden seiner Ehefrau etwas zu tun hatte, sie vielleicht sogar selbst getötet und mit dem Auto wegtransportiert hatte, verdichtete sich immer mehr. Hauptkommissar Falb konfrontierte Berger mit dieser Vermutung und erklärte ihm zugleich, dass er nun als Beschuldigter behandelt werde. Detlef Berger wies die Anschuldigungen weit von sich. Die Blutspuren in der Wohnung erklärte er damit, dass seine Frau an der Nase blutete, als er sie unbeabsichtigt mit der Badezimmertür gestoßen hatte. Das Blut im Auto stammte angeblich noch vom Transport eines geschlachteten Stallhasen vor einigen Wochen, und sein Auto hatte er vor der Eingangstür zum Wohnblock abgestellt, weil er bei seiner Fahrt zum Wochenendgrundstück noch Gegenstände aus dem Keller mitnehmen wollte. Alles plausible Erklärungen, die durchaus akzeptabel waren.

Um 22 Uhr wurde Detlef Berger mit seiner 25-jährigen Tochter, die fassungslos weinte, konfrontiert. Der Verdächtigte sagte dabei ohne sichtliche Gefühlsregung: »Mädle, sei ruhig, ich hab doch der Mutti nichts getan. Glaub mir doch, ich hab der Mutti bestimmt nichts getan.«

Es war bereits gegen Mitternacht, als die Beamten der Mordkommission für diesen Tag die Arbeit abschlossen. Detlef Berger musste den Rest der Nacht im Polizeiarrest verbringen, seine Ehefrau blieb unauffindbar.

Geständnis in Variationen

Nach nur wenigen Stunden Schlaf trafen sich die Beamten der Mordkommission in den Morgenstunden des nächsten Tages wieder auf ihrer Dienststelle. Es war der letzte verkaufsoffene Samstag vor Weihnachten und für viele die letzte Gelegenheit zu Weihnachtseinkäufen. Für die Kriminalbeamten mussten Privatangelegenheiten jedoch zurückstehen, denn es galt ein Tötungsdelikt aufzuklären.

Detlef Berger wurde pausenlos vernommen. Gegen Mittag brach er schließlich in Tränen aus und sagte: »Nach dem Streit wollte meine Frau unbedingt zu unserer verheirateten Tochter nach Hofkirchen. Ich habe mich angeboten, sie dorthin zu fahren. Ich wollte im Auto mit ihr reden. Auf der Fahrt aber haben wir wieder zu streiten angefangen. Meine Frau wollte deshalb unbedingt aussteigen. In der Gegend von Strauchheim nördlich der Ortschaft habe ich sie auf einem Feldweg in unmittelbarer Nähe der Bundesstraße 2 aussteigen lassen. Ich bin dann allein zu unserem Wochenendhaus gefahren und habe dort übernachtet.«

Um 13.30 Uhr fuhren Hauptkommissar Falb und der Kommissariatsleiter Gerhard mit Detlef Berger im Dienstwagen in den nördlichen Landkreis. Zwei weitere Beamte folgten mit einem anderen Auto. Die Kriminalpolizisten ließen sich von Berger so dirigieren, wie er am Donnerstagabend angeblich gefahren war. Nach einigen Irrfahrten gelangten sie zu der Stelle auf dem Feldweg nördlich von Strauchheim, wo Berger in der Nacht auf Freitag seine Ehefrau aus dem Auto hatte steigen lassen. Unmittelbar neben dem Weg, an dessen Ende ein Misthaufen lagerte, führte eine größere bepflanzte Böschung zur Bundesstraße 2 hinauf. Alles war mit einer zehn Zentimeter tiefen Schneedecke bedeckt, denn es hatte in den vorangegangenen Tagen ununterbrochen geschneit. Die Kriminalbeamten suchten die Umgebung ab, fanden aber keinerlei Anhaltspunkte. Resigniert stiegen sie wieder in ihre Fahrzeuge. Bekümmert sagte Detlef Berger bei der Weiterfahrt: »Jetzt glaube ich auch schon, dass meine Frau nicht mehr am Leben ist. Sie ist vielleicht als Anhalterin von einem Autofahrer mitgenommen worden und an einen Sittlichkeitsverbrecher geraten. Oder sie ist auf der Bundesstraße oben von einem Auto überfahren worden, und der Unfallflüchtige hat die Leiche weggeräumt.«

Die Kriminalbeamten fuhren nun gemeinsam mit Detlef Berger zum Wochenendhaus nach Kühbach. Dort fielen ihnen erstmalig ein mit frischen Erdspuren behafteter Spaten und ein Paar verschmutzter Gummistiefel hinter dem Haus auf. Die Polizisten suchten abermals die Gegend ab, doch es war aufgrund der dicken Schneedecke aussichtslos, irgendwelche Spuren zu verfolgen.

Gegen 16 Uhr kam Kommissariatsleiter Gerhard zirka 200 Meter hinter dem Gartenhaus zu einer kleinen Schlucht, die offensichtlich als wilde Müllkippe genutzt wurde. Das Gelände war zwar eingezäunt, der Zaun aber an einer schmalen Stelle zu Boden gedrückt. Hauptkommissar Gerhard ging in die verschneite Schlucht hinein und stieß nach etwa 15 Metern auf eine Aufhäufung, die ebenfalls mit einer leichten Schneeschicht bedeckt war. Es waren Bekleidungsstücke, die dort lagen, ein weinroter Damenwintermantel, ein dunkelblauer Morgenmantel und ein schwarzer Damenrock. Bei näherer Untersuchung erschrak der Beamte, denn an der Innenseite des Wintermantels waren Blutanhaftungen und Gehirnteile zu erkennen. Der Morgenmantel war sogar gänzlich blutdurchtränkt. Detlef Berger wurden die Kleidungsstücke gezeigt, woraufhin er nur noch stammelte: »Ja, das sind die Mäntel meiner Frau. Ich gebe zu, dass ich meine Frau getötet habe, und erkläre mich bereit zu zeigen, wo die Leiche liegt.«

Die Fahrt ging erneut zu dem Feldweg bei Strauchheim. Unterwegs berichtete der sichtlich erregte Detlef Berger unter Tränen, dass er seine Frau auf dem Weg an der Bundesstraße 2 mit einem Hammer erschlagen und ihre Leiche in der Nähe versteckt hatte. Mit seiner Zustimmung wurde dieses erste Geständnis auf einen Tonträger aufgenommen. »Nach dem Streit in der Wohnung fuhren wir in Richtung Hofheim. Ich wollte meine Frau auf ihren Wunsch hin zu unserer dort wohnenden Tochter bringen. Ich verfuhr mich aber und landete auf dem Feldweg nördlich von Strauchheim. Dort habe ich angehalten. Plötzlich bekam ich ein sexuelles Verlangen nach meiner Frau. Ich wollte sie unbedingt haben, nur sie und sofort im Auto. Aber meine Frau wies mich zurück. Da versuchte ich, ihr die Kleider vom Leib zu reißen. Meine Frau sprang daraufhin aus dem Auto und lief davon. Da bin ich durchgedreht. Ich nahm einen Hammer aus dem Kofferraum des Autos, rannte meiner Frau nach und schlug auf sie ein, während ich weiterhin probierte, ihr den Mantel herunterzureißen. Ich traf meine Frau mehrmals am Kopf. Als ich feststellen musste, dass sie tot war, versteckte ich die Leiche in der Nähe in einem Misthaufen. Es hat in Strömen geregnet. Die Tote habe ich hinübergezerrt und dann mit den Händen verscharrt.«

Als die Kriminalbeamten mit Detlef Berger am Ende des Feldweges ankamen, ging dieser zielstrebig auf den Misthaufen zu und bedeutete ihnen, dass darin die Leiche seiner Frau liege. Es dämmerte bereits, und immer noch schneite es. Die Kriminalbeamten machten sich daran, den Strohmist abzutragen. Nach einer Weile kam tatsächlich ein menschlicher Körper zum Vorschein. Es war eine nackte Frau, nur mit einer Strumpfhose und Lederstiefeln bekleidet, der Schambereich war vollkommen freigelegt. Die Leiche lag auf dem Rücken mit ausgespreizten Beinen, sodass es ganz den Anschein hatte, als wäre sie einem Sittlichkeitsverbrechen zum Opfer gefallen.

Kriminalhauptkommissar Falb sicherte den Tatbestand zuallererst fotografisch. Gegen 17 Uhr forderte er den Leichentransportwagen an, der die tote Frau in die Prosektur überführte. Die Kriminalbeamten fuhren gemeinsam mit Detlef Berger zur Dienststelle zurück. Hauptkommissar Falb hielt dem Festgenommenen unterwegs vor, dass sein Geständnis nicht stimmen konnte. Die Bekleidung der Toten fehlte, und auch die Blutspuren in der Wohnung sprachen für ein anderes Geschehen. Zu einer sofortigen Vernehmung und Protokollierung hinsichtlich der vielen Widersprüche kam es aber zunächst nicht, weil der Ermittlungsrichter bereits wartete und nicht gewillt war, den Beamten für eine ausführliche Vernehmung Zeit zu geben. Gegen Detlef Berger erging am Abend desselben Tages Haftbefehl wegen eines Verbrechens des Mordes, und er wurde in die Justizvollzugsanstalt eingeliefert.

Mitten in der Nacht schrillte in der Wohnung von Kriminalhauptkommissar Falb das Telefon. Ein Beamter der Justizvollzugsanstalt teilte ihm mit, dass Detlef Berger nach einem Selbsttötungsversuch nun bei einem Sachbearbeiter der Kriminalpolizei ein volles Geständnis ablegen wollte. Berger hatte versucht, sich die Pulsadern aufzuschneiden. Allerdings war er dabei so halbherzig vorgegangen, dass Zweifel an der Ernsthaftigkeit seines Vorhabens angebracht waren.

Berger wurde am Sonntag wiederholt von den Beamten vernommen. Er gab nun an, dass er seine Frau nach dem

Streit in der Wohnung aus nichtigem Anlass mit mehreren Hammerschlägen tötete, nachdem sie ihm ihre Verachtung demonstriert und mit ihrem Chef und Liebhaber verglichen hatte. »Du bist kein Mann, wenn du vor mir auf die Knie fällst. Mein Chef würde das nie tun«, sagte sie ihm, als er sie im Flur auf Knien um Verzeihung bat. Als sie ihn auch noch von sich stieß, drehte er durch und holte den Hammer aus der Besenkammer. Damit schlug er auf seine Ehefrau ein, bis sie im Kinderzimmer leblos zusammenbrach. Anschließend verfrachtete er die Leiche in sein Auto und fuhr mit ihr nach Strauchheim. Die blutbesudelte Bekleidung und die Bettwäsche aus dem Kinderzimmer vergrub er in der Müllhalde nahe seines Wochenendhauses. Die Mordwaffe und seine eigene bei der Tat getragene Kleidung schmiss er während der Fahrt aus dem Auto. Detlef Berger bestritt diesmal ganz entschieden, aus sexuellen Motiven gehandelt oder versucht zu haben, den Widerstand seiner Frau zu brechen. Die Strategie Bergers war deutlich, er wollte sich als bemitleidenswerten gehörnten Ehemann darstellen, der von seiner treulosen Frau auch noch beleidigt und gedemütigt worden war.

Der Sachverhalt konnte am folgenden Montag weiter aufgehellt werden, als auf der wilden Müllhalde nahe dem Wochenendhaus in Kühbach gegraben wurde. Ein blutverschmiertes Oberbett und ein Kopfkissen kamen zum Vorschein. Zudem fanden sich auch eine Wolldecke mit Blutanhaftungen und frischen Rissen, Handtücher, Herrensocken und Unterhosen, ein Leintuch, ein blutbeschmiertes Herrenunterhemd und eine Herrencordhose. Alles Gegenstände aus der Wohnung der Bergers. Sogar die zur Tat getragene Kleidung des Täters war unter den geborgenen Sachen. Diese wollte Detlef Berger nach seinem letzten Geständnis allerdings während der Fahrt aus dem

Auto geworfen haben. Er hatte also erneut gelogen. Die Tatwaffe, der Hammer, fand sich nicht.

Die Tat

Hinsichtlich der Rekonstruktion der Tat waren die Kriminalpolizisten auf die Aussagen des Täters angewiesen. Nur die mit sehr viel Mühe zusammengetragenen Indizien halfen, ein einigermaßen in sich schlüssiges Geschehen nachzuzeichnen. Es musste allerdings dahingestellt bleiben, ob Detlef Berger seine Frau erschlagen hatte, weil sie ihm sexuell nicht zu Willen war, oder ob er sie tötete, weil sie ihn mit ihrem Chef betrog und demütigte. Fest stand aber, dass Berger an jenem Donnerstagabend seine mit ihm in 30-jähriger Ehe verbundene Frau mit einem 500 Gramm schweren Hammer in der gemeinsamen Wohnung grausam ums Leben gebracht hatte. Beim Transport der Leiche von der Wohnung zum Auto vor dem Haus war der leblose Körper dem schmächtigen Mann im Treppenhaus aus den Händen gerutscht und auf den Boden aufgeschlagen. Hastig hatte Detlef Berger den Leichnam dann durch die Haustür gezerrt und in den Kofferraum gewuchtet. Anschließend kehrte er bedacht und überlegt in die Wohnung zurück, säuberte Flur und Kinderzimmer, zog sich um und verstaute alle blutbefleckten Sachen im Kofferraum seines Autos. Er nahm sogar frische Bekleidung für seine Frau mit, denn er war bereits zu diesem Zeitpunkt fest entschlossen, ein Sittlichkeitsverbrechen vorzutäuschen und einen unbekannten Täter für den Tod seiner Ehefrau verantwortlich zu machen. Durch die Mitnahme der Bekleidungsstücke seiner Frau sollte der Eindruck erweckt werden, sie habe das Haus vollkommen bekleidet verlassen. Nachdem der Täter die Wohnung sauber hergerichtet und alle Spuren beseitigt hatte, war er mit der Leiche im Kofferraum bei einer nahen Tankstelle vorgefahren und hatte voll tanken lassen. Anschließend trank er dort auch noch seelenruhig einen Becher Kaffee. Schließlich war Detlef Berger bis in die mehr als 30 Kilometer entfernte Ortschaft Strauchheim gefahren, um die Leiche seiner Frau in einem auf freiem Feld abgelagerten Misthaufen zu verscharren. Den Ort hatte er mit Bedacht so ausgewählt, dass der Eindruck entstehen musste, der Täter habe die Leiche von der nahen Bundesstraße dorthin gebracht. Dann war Berger zu seinem Wochenendhaus gefahren und hatte in der Müllhalde die blutbefleckten Beweisstücke vergraben. Da es stockfinster war und in Strömen regnete, übersah er dabei den Wintermantel und den Morgenrock seiner Frau. Detlef Berger verbrachte den Rest der Nacht in seinem Wochenendhaus und ließ sich am nächsten Morgen demonstrativ bei Nachbarn und im Lebensmittelgeschäft der nahen Ortschaft sehen, damit er gegebenenfalls Zeugen für seine Anwesenheit in Kühbach benennen konnte.

Der ganze Plan war nur deshalb gescheitert, weil der Arbeitgeber und Geliebte der Toten am nächsten Morgen das Fehlen seiner Sekretärin zum Anlass nahm, deren Tochter zu verständigen und mit dieser schon vor der Rückkehr des Täters in die Wohnung der Bergers gekommen war. Damit verhinderte er, dass Detlef Berger bei Tageslicht weitere verräterische Spuren erkennen und beseitigen konnte.

Die Hintergründe der Tat

Anna und Detlef Berger führten 30 Jahre lang ein harmonisches Eheleben und zogen zwei Kinder groß. Als die Kinder erwachsen und selbst verheiratet ihr Zuhause verließen, suchte sich Anna Berger eine Beschäftigung außer Haus. Sieben Jahre arbeitete sie in einem großen Betrieb der Stadt. Im Spätsommer vor der Katastrophe und nur wenige Monate vor ihrem 30-jährigen Ehejubiläum verliebte sich die noch immer attraktive Frau hoffnungslos in ihren Chef, den 54-jährigen leitenden Angestellten des Betriebes. Dem gesundheitlich angeschlagenen Detlef Berger fiel zunächst nur auf, dass sich seine Frau herausputzte, auch werktags Schmuck anlegte, sich plötzlich für klassische Musik interessierte und Hochdeutsch zu sprechen begann.

Zu den ersten ernsthaften Differenzen war es zwei Wochen vor der Tat gekommen, als Anna Berger ihren Liebhaber zum Kaffee einlud und Detlef Berger die beiden küssend und engumschlungen überraschte. Anna Berger gestand ihrem Ehemann bei der anschließenden Aussprache die Liaison und kündigte an, sich von ihm zu trennen. In den folgenden Tagen versuchte Detlef Berger krampfhaft, seine Frau zurückzugewinnen, und gab sich dabei fast der Lächerlichkeit preis. Als es am Donnerstag wegen eines nichtigen Anlasses zum Streit zwischen den Eheleuten kam, kippte das angespannte Verhältnis auf furchtbare Weise.

Das Urteil

Neun Monate nach der Tat kam es vor der Schwurgerichtskammer des Landgerichts Augsburg zum Prozess gegen Detlef Berger. Die Anklage warf ihm, der auf so brutale Weise seine Ehefrau erschlagen und kaltblütig und pietätlos in einem Misthaufen vergraben hatte, ein Verbrechen des Totschlags vor. Nach zweitägiger Verhandlung wurde Detlef Berger wegen Totschlags in einem minderschweren Fall zu vier Jahren und neun Monaten Freiheitsentzug verurteilt. Mitleid mit dem Angeklagten und Hass auf den als Zeuge auftretenden Liebhaber der getöteten Ehefrau bestimmten im Schwurgerichtsprozess die Gefühle der Zuschauer. Die Verteidigungsstrategie des Täters war aufgegangen.

MORD AM OFFENEN KAMIN

»Ich bin am Donnerstag, dem 1. Oktober 1987, um 20.45 Uhr nach Hause gekommen, mit einer Portion Hähnchen und Pommes, die ich für meinen zweieinhalbjährigen Sohn in einer Gaststätte besorgt hatte. Ich zog mich bis auf den Slip aus, setzte mich im Kaminzimmer zu meiner Frau und fütterte meinen Sohn. Danach war es etwa 21.10 Uhr. Dann wusch ich meinen Sohn im Bad. Ins Bett wollte der Kleine aber noch nicht, also nahm ich ihn im Kaminzimmer noch einmal auf den Schoß, rauchte eine Zigarette und unterhielt mich mit meiner Frau. Dann brachte ich meinen Sohn ins Bett. Das Kind wollte Händchen halten, ich sang ihm vor und erzählte eine Geschichte – wie immer an solchen Abenden. Es war um 21.30 Uhr«, schilderte der 28-jährige Juwelier und Uhrmachermeister Mario Ganzalani in der Nacht zum 2. Oktober 1987 das Geschehen vom Vorabend der Polizei in Aschaffenburg.

»Obwohl die Fußbodenheizung lief, fror meine schwangere Ehefrau. Ich habe mich angekleidet, um von draußen Holz zu holen. Doch das Feuer im offenen Kamin wollte zunächst nicht brennen. Als es endlich so weit war, sagte Ursula auf der Couch sitzend: ›Komm mal her, das Kleine bewegt sich.‹ Ich kniete mich vor sie, und wir haben mit dem Kind geschmust. Dann habe ich mich entschlossen, in der Haustür ein neues Schloss einzubauen. Es war zwischen 21.45 und 22 Uhr. Das Schloss hatte meine Frau besorgt, weil sie den Hausschlüssel für die komplette Schließanlage des Zweifamilienhauses am Tag zuvor verloren hatte. Bei der Montage rief ich meine Frau zu Hilfe, weil die Arbeit für einen allein zu umständlich war. Als wir beide die Wohnung wieder betraten, war die Haustür verschlossen. Jetzt war es 22.10 bis 22.15 Uhr. Zurück in der Wohnung, habe ich mich erneut entkleidet, schnitt und manikürte meine Finger- und Fußnägel und setzte mich dann vor meiner Frau auf den Boden, die mir den Rücken kraulte. Gegen 22.45 Uhr ging ich ins Bad, setzte mich auf die Toilette und las in einem Männermagazin, ›Playboy‹ oder ›Penthouse‹«, fuhr Ganzalani fort.

»Dann ging plötzlich die Tür auf, und ein fremder Mann stand vor mir. Er hatte eine Strumpfmaske über dem Kopf, trug eine Arbeits- oder Jeansjacke, im Ausschnitt leuchtete ein weißes Hemd oder T-Shirt. In der Hand hielt er eine Pistole. ›Verhalt dich ruhig, dann passiert euch nichts!‹ sagte er zu mir. Der Mann warf mir ein paar Kleidungsstücke zu und befahl: ›Anziehen! Wir fahren ins Geschäft.‹ Ich kleidete mich an. ›Schlüssel holen‹, sagte der Fremde. ›Der ist im ersten Stock in der Wohnung der Eltern versteckt‹, erwiderte ich. Der Fremde ging über den Flur rückwärts in Richtung Kaminzimmer, Blick und Pistole waren auf mich gerichtet. Dann stoppte er und stieß mich zur Wohnungstür. Im Kaminzimmer nahm ich einen Schatten war. Das war jedoch nicht meine Frau ...

Dann ging ich zum ersten Stock des Hauses in die Wohnung meiner Eltern, die zu der Zeit im Urlaub waren. Ich wollte dort den Geschäftsschlüssel holen, der bei meinen Eltern deponiert war. Der Unbekannte ließ mich oben in einem dunklen Zimmer in das Versteck greifen, offenbar ohne Angst, dass ich plötzlich eine Pistole in der Hand haben könnte. Wir gingen dann wieder hinunter. Ich musste mein Auto aus der Garage fahren. Der Mann setzte sich auf den Rücksitz. Beim Wegfahren bemerkte ich vor dem

Nachbarhaus ein hell erleuchtetes Auto mit zwei Insassen. Jetzt war es 23 Uhr«, berichtete der 28-Jährige aufgewühlt.

»Auf der B 26 in Erlenbach sagte der Fremde plötzlich: ›Da links ab!‹ Beim Abbiegen bemerkte ich vorn auf der Hauptstraße ein auf- und absteigendes rotes Licht. Wohl eine Polizeikontrolle. Der Fremde sprach nun zum ersten Mal in sein Funkgerät, das ihm schon die ganze Zeit an einem Riemen über der Schulter hing. Ich kannte die Sprache nicht, die da gesprochen wurde. Als ich mich im Auto umdrehte, hob der Fremde die Pistole und richtete sie auf meinen Kopf. An der Ortsgrenze zwischen Erlenbach und Lindach wurde der Fremde angefunkt. Der bis dahin eine beängstigende Ruhe ausstrahlende Mann wurde plötzlich laut und hektisch. Das Gespräch dauerte länger als beim ersten Mal, und der Mann befahl mir plötzlich: ›Zur Autobahn!‹ Als ich mich umdrehte, blickte ich wieder direkt in die Mündung der Pistole. Ich fuhr zügig auf die Autobahn. Da kam die Anordnung vom Rücksitz: ›Langsamer!‹ Mit 100 bis 130 Stundenkilometern erreichten wir schließlich die Raststätte Weiskirchen. Ich musste hier von der Autobahn abfahren, die ich noch auf einer Brücke überquerte, die zum Rasthaus auf der anderen Seite führt. Hinter der Brücke sollte ich links anhalten und aussteigen. Auf Befehl des Fremden legte ich mich in den Kofferraum meines Autos. Der Mann warf den Kofferraumdeckel zu, wenig später hörte ich Motorengeräusche. Ein Auto blieb stehen, Türen schlugen zu, und der Wagen fuhr weg.

Ich hatte Angst, im Kofferraum zu ersticken. Ich zündete mein Feuerzeug an, um besser sehen zu können. Mit Mühe gelang es mir, ein Rücklicht des Wagens auszuschlagen. Nun bekam ich wieder etwas mehr Luft. Dann hielt ich das brennende Feuerzeug durch das Loch im Rücklicht hinaus, um vorbeikommende Autofahrer auf mich aufmerksam zu machen, aber niemand bemerkte mich. Erst als ich meinen Pullover hinauszwängte, ihn anzündete und weit weg auf die Fahrbahn stieß, hielt ein Autofahrer an. Wir redeten miteinander, aber der Mann bekam den Kofferraum nicht auf. Er fuhr weiter und versprach, die Polizei zu verständigen. Zwischenzeitlich kam ein anderer Autofahrer und befreite mich. Nach etwa zehn Minuten hielt dann ein Streifenwagen der Polizei.«

Countdown einer Katastrophe

Es war am Donnerstag, dem 1. Oktober 1987, nach 23 Uhr, als ein Autofahrer über die Brücke, die zwei Raststätten an der Autobahn in Hessen miteinander verbindet, fuhr. Hinter der Brücke sah er auf der Fahrbahn ein kleines Feuer glimmen. Ein schwerer silbergrauer Mercedes stand an der Seite. Der Autofahrer entdeckte im Vorbeifahren eine Hand, die aus der Karosserie winkte und hörte eine Stimme um Hilfe rufen. Da er einen Trick vermutete, fuhr er weiter zur Raststätte und unterrichtete die Polizei von seiner Beobachtung. Kurze Zeit später kam ein 61-Jähriger an der Raststätte Weiskirchen beschäftigter Kraftfahrer zu dem abgestellten Nobelauto. Auch er hörte die Stimme, bekam aber den Kofferraumdeckel nicht auf, obwohl ihm der Eingeschlossene präzise Anleitungen gab und ihm kurz sagte, was passiert war. »Ich hatte ein bisschen Angst und dachte, vielleicht ist es besser, dass er drin bleibt.« Der 61-Jährige machte kehrt, lief zum Motel Weiskirchen und verständigte von der Rezeption aus die Polizei. Als er zurückkehrte, hatte ein mit seinem Auto zufällig vorbeikommender 32-jähriger Kaufmann aus Hanau den Eingeschlossenen gegen 23.45 Uhr bereits befreit.

Das Auto gehörte dem 28 Jahre alten Juwelier Mario Ganzalani aus Erlenbach. Der Befreite war der Autoeigner selbst. Der Juwelier erzählte den beiden Männern kurz, was passiert war. Zehn Minuten später kam ein Streifenwagen der für Weiskirchen zuständigen hessischen Polizei zum Tatort. Bis dahin, so der Kaufmann aus Hanau später, hatte er nicht den Eindruck, dass der aus dem Kofferraum seines Autos befreite Mann dringend nach Hause wollte. Im Auto des Juweliers steckte noch der Zündschlüssel. Die Polizisten, zwei Beamte und eine Beamtin, baten Ganzalani in ihren Wagen. Dort schilderte der Juwelier den Überfall in seiner Wohnung und seine Entführung. Den Beamten fiel auf, dass der Mann wertvollen Schmuck trug. »Nach meinem ersten Eindruck«, so einer der Polizisten später, »hatte ich es mit einem Zuhälter zu tun. So sehr war er mit den typischen Ringen und Ketten behängt.« Seine Kollegin gab an: »Ich dachte damals schon, wenn die Entführung wirklich stimmt und der Täter ihm die Kleidung daheim auf der Toilette zugeworfen hat, warum hat er in dieser Situation noch so viel Schmuck angezogen?«

Die Polizisten verständigten über Funk ihre bayrischen Kollegen in Aschaffenburg. Mit einem Großaufgebot umstellten die Polizisten um 0.30 Uhr das Haus Ganzalanis in Erlenbach. Als die Beamten bei einem Blick durchs Fenster im Wohnzimmer eine leblose Person am Boden sahen, stürmten sie das Haus. Sie fanden vor dem offenen Kamin neben der Couch in einer Blutlache liegend die hochschwangere Wohnungsinhaberin mit eingeschlagenem Schädel. Die Frau war offensichtlich mit einem schweren Buchenholzscheit, das zum Feuerholz gehörte, erschlagen worden. Ursula Ganzalani lag auf dem Rücken, den Kopf in Richtung Wohnzimmer gewandt. Am Boden dehnten sich Blutstropfen fächerförmig Richtung Kamin aus. Eine große Blutlache reichte bis unter den Teppich. Die Augen der Toten waren geschlossen, der Körper lag ausgestreckt, aus dem leicht geöffneten Mund hatte sich Blut in feinen Tröpfchen gelöst. Vor dem Fernsehgerät lag ein Stück Schädelknochen, auf einem Ledersessel fand sich ein Borkenstück, das zu dem blutgetränkten Buchenholzstück, das unmittelbar vor dem Kamin lag, passte. Der Fernsehapparat war noch eingeschaltet, auf dem Bildschirm leuchtete das Testbild von SAT.1. Zwischen Sitzfläche und Armlehne eines der Sessel steckte ein Klappmesser, das keine Blutspuren zeigte. Die Schiebetür zur Terrasse stand etwa einen Spalt von 40 Zentimetern offen, der Rollladen war jedoch herabgelassen. Nichts deutete darauf hin, dass vor den tödlichen Schlägen ein Kampf stattgefunden haben könnte. In einer Handtasche der Toten fand sich Bargeld und Schmuck für mehrere tausend Mark. Auch im Bad stand eine Schale mit vielen Schmuckstücken. In einem Nebenzimmer lag unversehrt in seinem Bett der zweieinhalb Jahre alte Sohn der Eheleute Ganzalani. Im Haus war alles unversehrt, nichts deutete auf einen Einbruch, Raub oder Diebstahl hin.

Der Notarzt kam um 0.52 Uhr. Er unternahm zuerst Wiederbelebungsmaßnahmen und versuchte Herztöne und Puls abzuhören. Als eine Reanimation nicht möglich war, stellte er um ein Uhr den Totenschein aus. Weder der Notarzt noch die Polizei konnten gegen 2.25 Uhr die ersten Anzeichen von Leichenstarre an der Toten feststellen. Bei den Untersuchungen konnte man zu diesem Zeitpunkt Arme, Beine und Handgelenke der Toten bewegen. Um 2.35 Uhr stellten die Beamten bei Ursula Ganzalani durch Messungen mit einem Leichenthermometer noch eine

Temperatur von 35,4 Grad fest. Im Wohn- und Kaminzimmer war es sehr warm. Die Raumtemperatur betrug in einer Höhe von 1,35 Meter 20,8 Grad. Im offenen Kamin entdeckten die Beamten noch heiße Glut.

Auf der Fahrt im Auto der hessischen Polizei nach Aschaffenburg hörte Ganzalani über Funk, dass die inzwischen alarmierte Polizei bei einem Blick durch ein Fenster seiner Wohnung eine leblose Person am Boden gesehen hatte. »Da rutschte er auf dem Rücksitz nach vorn, wurde immer lauter und wollte sofort nach Hause«, wird später eine Beamtin aussagen. »Plötzlich war er psychisch so betroffen, dass er uns nicht einmal mehr den Weg zur Aschaffenburger Polizeiinspektion zeigen konnte.«

Die hessischen Polizisten brachten Mario Ganzalani zur Polizei in Aschaffenburg, wo bereits eine Sonderkommission zusammengestellt worden war. Ab ein Uhr wurde der Juwelier ununterbrochen vernommen. Auch den Beamten der Kriminalpolizei berichtete Mario Ganzalani, dass er kurz vor Mitternacht von einem maskierten Mann mit Waffengewalt im eigenen Auto entführt worden sei. Die noch in der Tatnacht ausgelöste Ringfahndung der Polizei brachte keine brauchbaren Ergebnisse. Probleme bei der Fahndung bereitete den Beamten, dass von den Geiselnehmern nur eine ungenaue Personenbeschreibung vorlag. Der Juwelier hatte den einen Täter nur schemenhaft gesehen. Von dem anderen konnte er nur die Größe mit etwa 1,75 Metern angeben und dass er zwischen 25 und 35 Jahre alt gewesen sein und einen stahlblauen Arbeitsanzug und ein helles T- oder Polo-Shirt getragen haben soll. Die Medien berichteten ausführlich über den Mordfall, der in der Öffentlichkeit für großes Aufsehen sorgte. Eine Obduktion hatte ergeben, dass die hochschwangere Ursula Ganzalani zwischen 22 und 23 Uhr gestorben und der Tod durch

Schädelbruch eingetreten war. Das Baby war noch im Mutterleib verstorben. Drei Tage später waren bei der unterdessen 15-köpfigen Sonderkommission der Kriminalpolizei Aschaffenburg etwa 110 Hinweise aus der Bevölkerung eingegangen. Der Juwelier setzte für Hinweise, die zur Aufklärung beitrugen, eine Belohnung von 10 000 Mark aus.

Mario Ganzalani erhielt kurz darauf einen Brief, in dem Unbekannte von ihm 60 000 Mark forderten. Erhielten sie das Geld nicht, so die Erpresser, würden sie bei der Polizei aussagen, er habe in der Tatnacht allein im Auto auf dem Weg nach Weiskirchen gesessen. Ganzalani setzte sich nach Erhalt des Erpresserbriefes sofort mit der Polizei in Verbindung. Es wurde vereinbart, dass der Juwelier zum Schein auf die Forderung des oder der Täter eingehen sollte. In der Samstagsausgabe der örtlichen Tageszeitung wurde eine Anzeige veröffentlicht, die den Erpressern signalisierte, dass der Juwelier mit der Geldübergabe einverstanden war. Die Erpresser nahmen daraufhin telefonisch Kontakt mit Mario Ganzalani auf und schraubten die Geldforderung in die Höhe. Statt 60 000 wurden jetzt 100 000 Mark verlangt. Wie mit den Tätern telefonisch verabredet, ging Ganzalani am Montagabend zu einer Tankstelle in der Bardroffstraße in Aschaffenburg und legte einen Koffer, den die Polizei ihm mitgegeben hatte, in einen dort abgestellten Abfallbehälter. Als gegen 21 Uhr drei Personen am Treffpunkt erschienen, um das Geld abzuholen, wartete die Polizei bereits auf sie. Zwei Frauen und ein Mann, die zwischen 20 und 22 Jahre alt waren, wurden festgenommen. Alle drei gestanden nach relativ kurzer Zeit den Erpressungsversuch. Der männliche Täter wurde in Untersuchungshaft genommen, die beiden jungen Frauen wieder entlassen. Von der Mordsache Ganzalani hatten die Festgenommenen keinerlei Kenntnisse.

Zwei Wochen nach dem Verbrechen, am Freitag, dem 15. Oktober 1987, wurde Mario Ganzalani nach einer erneuten Vernehmung festgenommen. Noch am Abend erließ der Ermittlungsrichter beim Amtsgericht Aschaffenburg auf Antrag der Staatsanwaltschaft Haftbefehl gegen den Juwelier. Die Ermittlungen der Staatsanwaltschaft, der Sonderkommission der Polizei sowie vor allem Untersuchungen des Instituts für Rechtsmedizin der Universität Würzburg und des Bayerischen Landeskriminalamts hatten Ergebnisse zutage gebracht, die den Verdacht gegen den 28-Jährigen erhärteten. Insbesondere hatte sich die Entführungsgeschichte von Ganzalani nicht bestätigt. Der leitende Oberstaatsanwalt gab vor der Presse an: »Dafür dass Geiselnehmer im Hause waren, gibt es keinerlei Anhaltspunkte.« Der Anwalt des Juweliers legte umgehend Haftbeschwerde ein. Die erste Große Strafkammer des Landgerichts Aschaffenburg lehnte diese am 20. Oktober 1987 jedoch ab, Mario Ganzalani blieb weiter in Untersuchungshaft. Daraufhin legte der Anwalt eine weitere Haftbeschwerde ein, die vom Oberlandesgericht Bamberg ebenfalls zurückgewiesen wurde.

Ein Lebensablauf wie viele andere auch

Mario Ganzalani hatte schon in der Kindheit soziales Ansehen dadurch erfahren, dass seine Familie sichtbar vermögend war. 1959 als Sohn einer Juweliersfamilie in Aschaffenburg geboren, wuchs er gemeinsam mit seiner Schwester wohlbehütet auf. Er besaß materielle Besitztümer, von denen andere Kinder nur träumten. Bald bekam er das Attribut »Angeber« von den Kindern aus der Nachbarschaft. Entbehrungen lernte er niemals kennen, bis er bei schulischen Misserfolgen seine Unfähigkeit erfahren musste, frustrierende Erlebnisse zu bewältigen. Ganzalani erlernte das Uhrmacherhandwerk, bestand auch die Meisterprüfung mit »gut« und übernahm 1983 das Geschäft seines Vaters in Lindach. Bereits im Alter von 13 Jahren hatte Ganzalani erste sexuelle Kontakte, wechselte seine Partnerinnen allerdings häufig. Schließlich lebte er vier Jahre mit einer zwei Jahre jüngeren Frau zusammen. Dann trennte er sich wieder, da sie ihm zu gefügig und er ihrer überdrüssig geworden war. In den Discos der Umgebung genoss Mario Ganzalani den Ruf, ein Casanova zu sein. In seiner Lieblingsdisco »Aladins« ließ er oftmals Champagner auf seine Kosten ausschenken und zeigte gern seine dicke Brieftasche. Bei seinen Damenbekanntschaften war er nicht wählerisch. Von sich selbst sagte er einmal, er sei nie ein Kostverächter gewesen. Gelegentliche Prostituiertenbesuche dienten ihm dazu, in entsprechenden Männerkreisen mitreden zu können.

1978 lernte Mario Ganzalani 19-jährig die ein Jahr jüngere Fachverkäuferin für Uhren und Schmuck Ursula Brand aus einem Dorf im Spessart kennen. Ihre Eltern konnten nicht verstehen, was ihre Tochter an dem Uhrmacher fand. Ihre Antipathie resultierte daraus, dass der junge Mann gern angeblich selbst erlebte, haarsträubende Geschichten erzählte, um sich interessant zu machen. Der Vater hielt Mario Ganzalani für einen rechten Sprücheklopfer: »Ich konnte nicht verstehen, dass unsere Tochter auf so einen reingefallen ist.« Die Mutter warnte noch vor der Ehe: »Ursula, lass doch bloß die Finger von ihm!«

Ausschlaggebend für diesen Rat war, dass Mario Ganzalani sich vor der Heirat mit einer anderen Frau verabredet hatte. Als Ursula Brand davon erfuhr, wollte sie nichts mehr von ihm wissen. Bei einem seiner Besuche in der elterlichen Wohnung seiner Zukünftigen stellte sie ihn zur Rede und schloss sich dann in ihrem Zimmer ein. Ganzalani stürzte ihr nach, trat in seiner Wut die Tür ein und schlug auf sie ein. Die Mutter insistierte nach diesem Vorfall erneut: »Ursula, wenn er so etwas schon jetzt macht, wie soll das erst später werden.«

»Eine ideale Ehe«

Die Eltern mussten sich aber damit abfinden, dass ihre Tochter den Uhrmachermeister im Mai 1983 heiratete. Sie war für ihn die Traumfrau schlechthin, so sah es auch sein Vater. Ursula Ganzalani war nicht nur tüchtig im Geschäft, sie war attraktiv, intelligent, ruhig, besonnen und kultiviert. Fortan schmiss sie den Laden, während ihr Mann die Werkstatt übernahm. Marios Vater hielt seine Schwiegertochter für einen Lotteriegewinn. Sie sei der große Geist des Hauses in punkto Geschäft gewesen, sagte er später. Seinen Sohn hielt er dagegen für »einen geistigen Tiefflieger im Kaufmännischen«, dafür sei er aber in der Werkstatt tatkräftig gewesen. Das Geschäft lief gut; als es an Mario Ganzalani übergeben wurde, betrug der Umsatz 500 000 Mark. Für 1987 war ein Jahresumsatz von einer Million Mark angepeilt. Das Paar richtete sich in einem Zweifamilienhaus in einem Vorort von Aschaffenburg ein. Im Parterre wohnten die jungen Leute, im Obergeschoss die Eltern Ganzalani. Zwei Jahre nach der Hochzeit stellte sich 1985 Nachwuchs ein. Anderthalb Jahre später war Ursula Ganzalani wieder schwanger. »Es war eine Ehe wie tausend andere«, wird Ursulas Mutter später sagen. »Sie haben sich gestritten, sich dann aber wieder umgedreht und geeinigt.«

Marios Vater schilderte das Leben mit Frau, Sohn und Schwiegertochter unter einem Dach als eine Idylle. Der Rat des Vaters war in geschäftlichen Dingen immer noch gefragt, und er half gern im Geschäft. Die Abende verbrachten die beiden Familien gern gemeinsam: »Wir lebten wie in einer Wohngemeinschaft. In den ersten drei Jahren ihrer Ehe kamen sie morgens, mittags und abends zum Essen zu uns«, gaben die Eltern Ganzalani Auskunft.

Doch der smarte Mario Ganzalani nahm es mit der ehelichen Treue nicht allzu ernst. Er ließ »auch auswärts nichts anbrennen«. Zu jeder Zeit der Beziehung zu seiner Frau pflegte er außereheliche Affären, mindestens sechs bis acht davon wird er später zugeben. So begann er unter anderem im Sommer 1987, seine Frau war bereits im sechsten Monat schwanger, ein intimes Verhältnis mit einer 22-jährigen Einzelhandelskauffrau aus Hamburg, die er bei einem Kurs für Juweliere im Taunus kennen gelernt hatte. Auch danach blieben die beiden in Kontakt. Auf Sylt, wo die junge Frau arbeitete, besuchte Mario Ganzalani sie zum ersten Mal ausgerechnet am 28. Mai 1987, seinem vierten Hochzeitstag. Nach einem Ehekrach wegen seines übermäßigen Alkoholgenusses war Mario Ganzalani nachts mit dem Auto davongefahren. Später kam er noch zweimal nach Sylt – per Flugzeug von Großostheim-Ringheim aus und mit einem Geschäftsfreund, der den Pilotenschein hatte. Die junge Frau wird später aussagen, dass dieses intime Verhältnis »nichts Ernstes« gewesen sei und dass das letzte Treffen im August 1987 stattfand, weil sie »erkannt hatte, dass es von ihrer und auch seiner Seite zu Ende gewesen sei«. Dass die Ehefrau ihres Intimfreunds schwanger war, hatte die ferne Freundin in Sylt erst später erfahren. Danach sei zwischen ihnen »nichts mehr vorgefallen«.

Ursula Ganzalani wusste von den Frauengeschichten ihres Mannes nichts Genaues, ahnte aber einiges. So beklagte sie sich bei einem ihrer Brüder darüber mehrmals. Später wird ein Psychologe hinsichtlich der »Auswärtsspiele« des Mario Ganzalani von »Don-Juanismus«, einer »überdimensionalen Männlichkeit« sprechen. Sein »körperliches Fremdgehen«, diese »Nebenbeziehungen« seien nicht aus Liebe entstanden, sondern seien »sexuelle Eskapaden zur Befriedigung seiner männlichen Omnipotenzgefühle« gewesen. »Die Abenteuerlust eines Eroberers«, vergleichbar mit dem »Sammeln von Jagdtrophäen«, habe dazu geführt. Auch sonst kam es öfter zwischen den Eheleuten Ganzalani zu Streitigkeiten. Einmal war Ursulas Bruder mit seinem Schwager von einer ausgedehnten Zechtour erst mitten in der Nacht gegen vier Uhr zurückgekehrt. Die Eheleute begannen zu streiten und schrien sich gegenseitig an. Es ging so laut zu, dass Vater Ganzalani von seiner Wohnung im ersten Stock herunterkam, um nach dem Rechten zu sehen. Der Vater verabreichte seinem Sohn ein paar Ohrfeigen und redete ihm ins Gewissen. Mario Ganzalani schimpfte kleinlaut und kippte schließlich völlig alkoholisiert vom Sessel.

Der Prozess

Im Januar 1988 erhob die Staatsanwaltschaft beim Landgericht Aschaffenburg Anklage gegen Mario Ganzalani wegen Mordes an seiner »arg- und wehrlosen«, hochschwangeren Ehefrau. Er sei hinreichend verdächtig, in den Abendstunden des 1. Oktober 1987 in der gemeinsamen Wohnung seine Frau durch Schläge mit einem Buchenscheit vorsätzlich getötet und dabei auch billigend in Kauf genommen zu haben, dass das ungeborene Kind im Mutterleib ebenfalls zu Tode kommt. Die Staatsanwaltschaft hatte umfangreiche gerichtsmedizinische und spurenkundliche Gutachten eingeholt. Ganzalani selbst blieb dabei, dass er an jenem Abend von einem unbekannten Mann entführt worden war und vermutlich dessen Komplize seine Frau getötet hatte. Die Staatsanwaltschaft war dagegen der Überzeugung, dass Ganzalani die Entführung erfunden hatte. Nach ihrer Überzeugung erschlug Ganzalani zuerst seine Frau und fuhr dann nach Weiskirchen, wo er sich freiwillig und ohne Zwang durch andere in den Kofferraum seines Autos legte und sich dann retten ließ.

Am Montag, dem 27. März 1988, begann vor der Schwurgerichtskammer des Landgerichts Aschaffenburg der Prozess gegen den 28-Jährigen. 60 Zeugen waren geladen, und fünf Gutachter mussten sich während der zehn eingeplanten Verhandlungstage bereithalten. Der Prozess fand großes Publikumsinteresse, bereits kurz nach 6.30 Uhr, zwei Stunden vor Beginn warteten die ersten Zuschauer am Einlass.

»Mein Mandant ist physisch und psychisch stark angeschlagen«, erklärte der Verteidiger gleich zu Beginn der Verhandlung dem Gericht. »Aus diesem Grund wird er heute keine Angaben machen.« Eine Viertelstunde nach Prozessbeginn eröffnete das Gericht daher bereits die Beweisaufnahme. Der Mordprozess war jedoch auch nach den zehn Verhandlungstagen nicht zu Ende. Zeugen waren gehört und rechtsmedizinische Gutachten eingeholt worden, doch der Fall war verworren wie selten, denn die Indizienkette hatte zwei Gesichter. Alles, was für den Angeklagten sprach, sprach gleichzeitig gegen ihn. War Mario Ganzalani wirklich der brutale Mörder, wie ihn die Anklage beschrieb? Oder war er das Opfer einer Verkettung unglückseliger Umstände geworden? War Ganzalani, der das Leben, die Frauen und das Geld liebte, aber auch seine Ehefrau und seinen Sohn, wie Freunde und Familienangehörige bekundeten, wirklich der Täter?

Mario Ganzalani hatte zwar vor Gericht zu dem Mordvorwurf geschwiegen und nur seinen Verteidiger reden lassen, doch während der Ermittlungen vor der Polizei und dem Ermittlungsrichter ausführliche Angaben gemacht. Er hatte viel geredet, wie es seine Art war, aber dabei im Grunde, mit nur geringfügigen Abweichungen, immer dasselbe berichtet: wie er am 1. Oktober entführt wurde und wie sich der Unbekannte mit seinem zurückgebliebenen Komplizen erregt über Funk verständigte, sodass der Verdacht entstand, seiner im neunten Monat schwangeren Ehefrau könnte etwas zugestoßen sein. Die Geschichte war so unglaublich, dass auch die vernehmenden Kriminalbeamten immer wieder den Kopf geschüttelt hatten. Noch vor Gericht sprach einer der Beamten von der »Story« des Angeklagten. Den hieb- und stichfesten Beweis allerdings, der die Geschichte eindeutig als Lügengespinst entlarvt hätte, hatte auch er nicht gefunden. Diesen Beweis blieb die Anklage auch vor Gericht schuldig. Daher konzentrierten sich die Strafverfolger auf die vielen Ungereimtheiten am Rande. Jede für sich betrachtet, stellte zwar keinen Schuldbeweis dar, doch hätten sie, so meinte die Anklage, in dieser Art und in dieser Masse nicht auftreten dürfen, wenn Ganzalanis Darstellung der Wahrheit entsprach. Wenn es die Eindringlinge wirklich gab, wieso hatten sie nicht den Hauch einer Spur hinterlassen?

Viel schwerer aber fiel der von Ganzalani geschilderte Tathergang auf ihn selbst zurück. Wenn schon ein Überfall auf einen Juwelier, warum folgte dann nicht auch der schlüssige letzte Akt? Warum ließ sich der Geiselnehmer dann nicht auch von seinem Opfer ins Geschäft fahren, um den ganzen Laden leer zu räumen, während der Komplize die verängstigte Frau in Schach hielt? Warum haben die Eindringlinge nichts von den Wertsachen, dem Schmuck und dem Geld mitgenommen, die an verschiedenen Stellen in der Wohnung offen zugänglich lagen? Warum erschlug stattdessen der zweite Mann die Frau und beging damit eine völlig sinnlose Tat? Sinnlos, weil man nicht einen Mord, sondern Wertsachen suchte, die dadurch aber in weite Ferne rückten.

Konnte andererseits Mario Ganzalani, wenn seine Angaben stimmten, etwas dafür, dass sich das Verhalten der zwei Gangster nicht erklären ließ? Wenn er wirklich der Mörder war, war kaum zu glauben, dass er bei der Vertuschung seiner Tat nicht wenigstens einen einzigen Fehler beging. Undenkbar gar, dass er im Stress der Situation daran dachte, selbst kleinste verräterische Spuren zu beseitigen. Fingerspuren auf dem Holzscheit, winzige Holzanhaftungen an seinen Händen, Partikel seiner Haut an den Händen seiner toten Frau oder kleinste Reste von Blutspritzern an ihm – die Fachleute der Kriminalpolizei und des Landeskriminalamts entdeckten nichts dergleichen. Fehlten die konkreten Tatbeweise, so gab vielleicht die Person des Angeklagten Auskunft. Hatte er es nicht an Kummer über den grausamen Tod seiner Frau fehlen lassen? Hatte er nicht eine Freundin gehabt, die er mehrfach und sogar an seinem Hochzeitstag besuchte? War also die Liebe zu seiner Ehefrau doch nicht so groß, wie er immer behauptete? War er nicht auch ein rechter Hitzkopf, wie sein Schwager vor Gericht bekundete, und schlug seine Frau bereits vor der Ehe? Wer auch immer Ursula Ganzalani ermordete, geplant war diese brutale Attacke sicherlich nicht. Sollte Mario Ganzalani wirklich der Täter gewesen sein, dann hatte er in einem unbegreiflichen Anfall von plötzlicher Raserei blindwütig auf seine Frau eingeprügelt. Für alle, die mit dem Fall befasst waren, ein Rätsel: Was musste an jenem Abend geschehen sein, um aus dem allen Anschein nach liebevollen Ehemann einen irren Totschläger zu machen?

Er konnte zumindest die Erinnerung der Zeugen nicht auslöschen. Zum Beispiel die Erinnerung jenes jungen Mannes, der Ganzalanis auffälligen Mercedes am 1. Oktober 1987 bereits um 22 Uhr in Lindach gesehen haben wollte. Der 23-Jährige sagte unter Eid aus, den Wagen am Ortseingang von Goldach nahe der Autobahn gesehen und das Kennzeichen abgelesen zu haben. Ein anderer Zeuge bekundete, den Mercedes gegen 23 Uhr in Erlenbach erkannt zu haben. Und ein dritter Zeuge hatte das Fahrzeug angeblich zwischen 23 und 23.30 Uhr von einem Parkplatz in Froschhausen in hohem Tempo in Richtung Autobahn-Raststätte Weiskirchen davonfahren sehen. Daraus hätte man schließen können, dass Mario Ganzalani seine Ehefrau schon vor 22 Uhr erschlug, dann mit seinem Auto ziellos umherfuhr und fieberhaft überlegte, was jetzt zu tun wäre. Keiner der Zeugen erkannte aber den oder die Autoinsassen. Was sollte Ganzalani jedoch bewegt haben, mit seinem im ganzen Ort bekannten Mercedes um 22 Uhr durch die Gegend zu fahren und später zu behaupten, er sei um diese Zeit noch zu Hause gewesen? Aber das Auto war so auffallend und hatte zudem ein Kennzeichen mit einer leicht merkbaren Buchstaben-Nummern-Kombination, dass ein Irrtum der Zeugen kaum denkbar war.

Doch im Fall Ganzalani stimmten nicht einmal die Aussagen von zwei wichtigen Gutachtern überein, wodurch der Todeszeitpunkt von Ursula Ganzalani nicht sicher fixiert werden konnte. Der Würzburger Rechtsmediziner Professor Dr. Schulz grenzte die Todeszeit zwischen 22 und 23 Uhr ein. Das belastete den Angeklagten, weil er zu dieser Zeit eigenen Angaben zufolge noch zu Hause gewesen war. Der von der Verteidigung dem Gericht als »präsentes Beweismittel« vorgestellte Frankfurter Rechtsmediziner Professor Dr. Brettel mochte sich gar nicht festlegen. Weil die Polizei angeblich keine genauen Feststellungen über das Vorhandensein von Totenflecken und den Beginn der Totenstarre getroffen hatte, ließ der Professor den Todeszeitpunkt offen. Ursula Ganzalani konnte demnach vor 22 Uhr aber auch nach 23 Uhr gestorben sein. Damit wäre Mario Ganzalanis Version wieder in den Bereich des Möglichen gerückt.

Professor Dr. Schulz, der den Angeklagten am Morgen des 2. Oktober 1987 zwischen sechs und 6.45 Uhr untersucht hatte, nahm am 6. April 1988 zu dem Gutachten des von der Verteidigung eingebrachten Professor Dr. Brettel Stellung. Anhand der Temperaturmessungen an der Toten und aufgrund der herrschenden Zimmertemperatur ermittelte Professor Schulz mit Hilfe des Berechnungsmodus von drei rechtsmedizinisch anerkannten Verfahren einen Todeszeitpunkt zwischen 22 und 23 Uhr. Anders als Professor Schulz war Professor Brettel davon ausgegangen, dass zwischen dem Eintritt des Todes und der ersten Temperaturmessung um 2.25 Uhr in dem Kaminzimmer ein außergewöhnlich starker Temperaturabfall stattfand. Das hätte bedeutet, dass auch die Tote schneller auskühlte. Der Todeszeitpunkt wäre somit näher an die erste Temperaturmessung, womöglich also tatsächlich nach 23 Uhr, gerückt. Professor Schulz hielt dagegen: »Für einen starken Temperaturabfall im Kaminzimmer der Wohnung gibt es überhaupt keine konkreten Hinweise. Zwar hatten die Polizeibeamten beim Eindringen in die Wohnung zwei Fenster eingeschlagen, sodass kalte Luft in den Raum eindrang, doch selbst wenn es dann eine Stunde lang um fünf bis sechs Grad kälter geworden wäre, hätte dies nicht gleichzeitig einen radikalen Temperaturabfall im Körperinnern der Toten bewirkt.« Professor Schulz machte dafür die Eigenart der Fußbodenheizung verantwortlich, deren Temperatur um 18 bis 19 Grad schwankte, aber auch den menschlichen Körper, der in seinem Innern auf Temperaturschwankungen nur träge reagiert. Dann brachte die Verteidigung ein, dass das von der Polizei bei der Temperaturmessung verwendete Thermometer nicht geeicht und demnach die daraus erfolgten Messungen nicht verwertbar seien. Die Polizei musste zugeben, dass das Gerät zwar nicht geeicht war, aber die Überprüfung im Aschaffenburger Eichamt ergab, dass das vom Hersteller ungeeicht angebotene Gerät bei Vergleichsmessungen mit geeichten Thermometern bis aufs letzte Zehntelgrad übereinstimmte.

Schließlich kam hinsichtlich der Todeszeitbestimmung noch ein dritter Gutachter ins Gespräch. Der Vertreter der Nebenkläger, der Eltern der Getöteten, stellte den Antrag, den Freiburger Rechtsmediziner Professor Dr. Forster zu laden. Professor Forster galt in der Rechtsmedizin als anerkannte Kapazität und verfügte über die umfangreichsten Kenntnisse zur Todeszeitbestimmung. Aus dessen genauen Berechnungsmethoden ergab sich, so der Anwalt, dass der Mord an Ursula Ganzalani vor 22 Uhr passiert war. Der Rechtsanwalt wollte seinen Antrag freilich nur in dem Fall einbringen, dass das Schwurgericht, der Argumentation des Verteidigers folgend, bei der Urteilsfindung davon ausginge, Ursula Ganzalani sei erst nach 23 Uhr gestorben. Für den Prozessbeobachter war hinsichtlich der Festlegung des Todeszeitpunkts die Bemühung von Ganzalanis sehr engagiertem Verteidiger unverkennbar, den Todeszeitpunkt generell in Frage zu stellen, ihn aber auf alle Fälle über 23 Uhr hinauszuschieben, um die Aussage seines Mandanten über dessen Entführung glaubhaft erscheinen zu lassen.

Dann war da noch die Aussage eines V-Mannes aus Frankfurt, der über seinen Vorgesetzten mitteilen ließ, dass zwei jugoslawische Mafiosi einen Überfall auf einen Juwelier in Aschaffenburg geplant hatten. Die Polizei ermittelte die Männer: Der eine saß zur Tatzeit im Gefängnis, der andere nachgewiesenermaßen in seiner Heimat. Ein 40-jähriger Kaufmann, der bis April 1988 selbst Insasse der Justizvollzugsanstalt gewesen war, sagte gar aus, der Juwelier habe ihm den Mord an seiner Frau gestanden. Beim Tischtennis und beim Hofgang sei er mehrfach mit Mario Ganzalani zusammengekommen. Bei einem dieser Treffen Mitte Februar 1988 habe ihm der Juwelier gesagt: »Dir kann ich's ja sagen – ich war's.« Wegen Ganzalanis zahlreicher Freundinnen hätte das Ehepaar Streit bekommen und auch von Scheidung gesprochen. Der Verteidiger wehrte jedoch sofort ab: Sein Mandant habe ihm versichert, dass er niemals mit dem Mithäftling gesprochen habe, und gegen den Kaufmann seien bereits 25 Strafverfahren anhängig, unter anderem auch wegen Vortäuschung einer Straftat. Der Zeuge sei also hochgradig unglaubwürdig.

Am 17. Mai 1988, dem 17. Verhandlungstag, brach der Angeklagte sein Schweigen. An der Version mit der Entführung wollte er auch während seiner Stellungnahme festhalten, ohne dabei auf nähere Tatumstände einzugehen. Der Verteidiger betonte vor der Erklärung seines Mandanten, dass Ganzalani keine Aussage machen werde und auch keine Fragen beantworten wolle. Als Begründung nannte der Anwalt die Vorverurteilungen in der Presse, insbesondere in der Zeitschrift »Praline«, die Ganzalani eine »Mörderbestie« genannt hatte. Mit schweren Vorwürfen gegen die Polizei begann Ganzalani seine Erklärung. Er »sitze im Gefängnis, weil die Kriminalpolizei nicht in der Lage ist, den Mörder zu finden«, habe »mit dem Tod seiner Frau nichts zu tun«, und daher sei es ein »Skandal«, dass er bereits sieben Monate festgehalten werde. »Es ist wie ein Alptraum.« Seine vielleicht manchmal widersprüchlichen Aussagen erklärte der Angeklagte damit, dass er die Realität verdränge, »um überhaupt weiterleben zu können«. Mehrfach beteuerte Ganzalani, er sei unschuldig und habe wirklich alles getan, zur Aufklärung beizutragen. Doch die Polizei sei »den Weg des geringsten Widerstands« gegangen und habe sich schon in der Mordnacht auf ihn als Täter festgelegt. »20-Stunden-Verhöre« habe er ohne Pause überstehen müssen, bei denen die Beamten »überaus grausam« gewesen seien. Sie hätten ihm ein Foto seines ungeborenen Kindes vorgelegt, das nach der Obduktion der Leiche seiner Frau aufgenommen worden war. Man habe ihm des Öfteren auch die Unwahrheit gesagt, so sollte er gestehen, weil sein »Verteidiger das Mandat niedergelegt habe«. Mario Ganzalani wollte »allen ersparen, nochmals das Geschehen darzustellen, ich weiß nicht mehr, was ich im Einzelnen gesagt habe«, beteuerte er. »Was ich erlebt habe, ist nicht Gebilde meiner Phantasie, sondern schlimmste Wirklichkeit.« Mit brechender Stimme bat der Angeklagte, »bitte machen Sie bald Schluss«. Das Gericht nahm die Erklärung des Angeklagten hin, ohne weitere Fragen zu stellen.

Unvorhergesehene Verzögerung im Prozess gab es, als ein 53-jähriger Maler, der selbst in Untersuchungshaft einsaß und sich im Vorfeld brieflich an den Verteidiger des

Angeklagten gewandt hatte, erklärte: »Ich sollte an dem Überfall mitmachen, habe aber nicht gewollt. Bei so etwas hört mein Verständnis auf.« Anfang Juli 1987, so der Maler vor dem Schwurgericht, hätten in seiner Wohnung in Hatzfeld/Eder ein Freund von ihm und zwei weitere Männer drei geplante Straftaten besprochen: den Überfall auf eine Sparkasse in Warburg, den Überfall auf einen Münzautomatenaufsteller in Münster und den Überfall auf einen Juwelier in Lindach. Einer der Männer, der »Sepp« genannt wurde und aus Garmisch-Partenkirchen stammte, kannte sich in den Lindacher Örtlichkeiten aus. Von Geiselnahme sei allerdings keine Rede gewesen, auch nicht von der Möglichkeit eines Mordes. »Allerdings«, so meinte der Zeuge, »traue ich so etwas dem Bruder meines Freundes zu, der sollte teilnehmen, nachdem ich abgesagt hatte.«

Die Kriminalpolizei musste ermitteln, ob der Zeuge die Wahrheit gesagt hatte. Der Freund des Zeugen war zwölf Tage vor dem angeblichen Überfall auf Mario Ganzalani, festgenommen worden und befand sich seither in Haft. Der als »Sepp« bezeichnete Mann hatte vom 19. Mai 1986 bis zum 11. September 1987 in der Frankfurter Justizvollzugsanstalt eingesessen und konnte somit an dem Gespräch in der Wohnung des Zeugen gar nicht teilgenommen haben. Die Anschrift des dritten Gesprächspartners war laut Polizei unbekannt. Die Beamten wussten nur, dass er in Zigeunerkreisen verkehrte. Der Bruder des von dem Zeugen benannten Freundes wurde bereits mit fünf Haftbefehlen gesucht. Der Maler selbst saß wegen des Verdachts, an mehreren Einbrüchen beteiligt gewesen zu sein, in Untersuchungshaft. Von ihren Kollegen in Höxter erfuhren die Aschaffenburger Kriminalbeamten, dass der Mann sogar schon Tote als Entlastungszeugen angegeben hatte, als notorischer Lügner galt und alles unternahm, um seine

Gerichtstermine platzen zu lassen. Der Zeuge, so stellte das Gericht fest, war mit 16 Eintragungen im Bundeszentralregister festgehalten, darunter Diebstahl, Urkundenfälschung und Waffenbesitz. Die Kriminalpolizei in Höxter verdächtigte ihn, im August 1987 an 20 Einbrüchen in Pfarr- und Wochenendhäusern beteiligt gewesen zu sein.

Die Plädoyers

Mario Ganzalani erschlug seine 27-jährige Ehefrau am Abend des 1. Oktober 1987 aus einer spontanen und panikartigen Reaktion heraus, so argumentierte die Oberstaatsanwältin als Anklagevertreterin am Beginn ihres Plädoyers. Er nutzte dabei aber nicht bewusst die Arg- und Wehrlosigkeit seiner auf der Couch liegenden Frau aus. Die Tat konnte deshalb strafrechtlich nicht als Mord, sondern lediglich als Totschlag gewertet werden. Allerdings machte sich der Angeklagte durch die Tötung seines ungeborenen Kindes gleichzeitig eines unerlaubten Schwangerschaftsabbruchs schuldig. Nach Meinung der Staatsanwältin führten die Eheleute Ganzalani keine Traumehe. Mario Ganzalani unterhielt in seiner vierjährigen Ehe vielmehr acht außereheliche Beziehungen, zwei sogar von längerer Dauer. Aufgrund seiner Seitensprünge und seiner häufigen abendlichen Ausgänge musste es zwischen ihm und seiner Frau öfter zu Zwistigkeiten gekommen sein. Den Zeugenaussagen konnte jeder entnehmen, dass Ursula Ganzalani ihren Mann verlassen hätte, wenn ihr das ganze Ausmaß seines Lebenswandels bekannt gewesen wäre. Dies aber hätte katastrophale geschäftliche Folgen für ihn gehabt. Vor allem durch das Gutachten des Würzburger Rechtsmediziners Professor Dr. Schulz sah die Oberstaatsanwältin den Angeklagten widerlegt. Nach dem Gutachten war die Frau zwischen 22 und 23 Uhr erschlagen worden, wahrscheinlich sogar eher, nämlich bereits gegen 22 Uhr, folglich zu einem Zeitpunkt, als Mario Ganzalani noch in der Wohnung war. Der von der Verteidigung angebotene Gutachter Professor Dr. Brettel aus Frankfurt fasste den Eintritt des Todes bei Ursula Ganzalani zeitlich zwar weiter, verfügte aber im konkreten Fall über zu wenig Detailwissen, um eine genaue Analyse anfertigen zu können.

Das Fehlen jeglicher Fremdspuren am Tatort sprach für eine Täterschaft des Angeklagten. Es konnten keine Hinweise darauf gefunden werden, wie die von Ganzalani angegebenen Täter in das Haus gelangt sein sollten, ebenso gab es für ihren Aufenthalt in der Wohnung keine Beweise. Aus der Wohnung wurden zudem keine Wertgegenstände und Schmuck entwendet. Hätte der zweite Mann wirklich Ursula Ganzalani erschlagen, dann müsste er ganz penibel darauf geachtet haben, mit seinen blutigen Händen keine Spuren zu hinterlassen. Es gab auch keine Hinweise, wie er die Wohnung verlassen haben sollte. Die Staatsanwältin fragte in die Runde: »War für ihn diese Vorsicht nötig?« Andererseits, so die Anklägerin, war Mario Ganzalani an jenem Abend wie üblich nur mit einer Unterhose bekleidet. Er hätte sich nach der Tat abwaschen und Blutspuren in Waschbecken oder Dusche wegspülen und den möglicherweise blutigen Slip beseitigen können.

Es gab keinen Zweifel für die Staatsanwältin, dass ein Zeuge Ganzalanis auffälligen Mercedes gegen 22 Uhr in Lindach gesehen hatte, also nach der Tat. Der Angeklagte musste dann zurück nach Erlenbach gefahren sein, um in seiner Wohnung verräterische Spuren zu beseitigen. Gegen 23 Uhr ist das Auto erneut beobachtet worden – diesmal, wie es einer Polizeikontrolle in Erlenbach auswich. Ganzalani hat bei dieser Fahrt wohl einen günstigen Auffindungsort für sich und seinen Wagen gesucht. Er ist schließlich auf der Autobahn bis Froschhausen gefahren, verließ aber dort einen für sein Vorhaben zu einsam gelegenen Platz wieder, was ein weiterer Zeuge beobachtet hatte. Er ist dann an der Autobahnbrücke beim Rasthaus Weiskirchen stehen geblieben, um hier seine Befreiung in Szene zu setzen. Erst hier konnte er damit rechnen, von Passanten entdeckt zu werden.

Der Angeklagte schwieg und taute erst während seiner am Schluss verlesenen Äußerung, die nichts zur Sache, sondern nur Vorwürfe gegen die Ermittlungsbehörden enthielt, auf. Die Staatsanwältin kommentierte dieses Verhalten so: »Es ist absolut unverständlich, warum er keine weiteren Angaben gemacht hat. Wenn alles stimmt, was er sagt, ist nicht einzusehen, warum er hier geschwiegen hat, nachdem er ja vor der Polizei Auskunft gab. Hat er jedoch alles erfunden, ist die Gefahr, sich in Widersprüche zu verwickeln, natürlich sehr groß.«

Auch der Rechtsanwalt, der die Eltern von Ursula Ganzalani vor Gericht vertrat, hielt das Alibi des Angeklagten durch das Gutachten von Professor Schulz widerlegt. Er argumentierte, dass die Richtigkeit des Gutachtens durch ein Bündel von Indizien gestützt wurde, das nur den Schluss auf Mario Ganzalani als Täter zulasse. »Die Nebenkläger wollten nie auf Biegen und Brechen eine Verurteilung von Mario Ganzalani. Denn der zweieinhalbjährige Enkel der Großeltern hätte nach der Mutter damit auch den Vater verloren. Deshalb haben wir unsere Pflichten sehr genau gesehen und wollten Aufklärung in jeder Richtung.« Ohne, wie sonst üblich für Nebenklagevertreter, einen Antrag zur Strafzumessung zu stellen, schloss sich der Rechtsanwalt den Ausführungen der Oberstaatsanwältin an und vertiefte sie sogar noch in einigen Punkten. Am Ende seines Plädoyers sagte er: »Das sind zwar alles nur Indizien, aber sie addieren sich. Und irgendwann hört man auf, die Dinge, die passiert sind und beobachtet wurden, nur als zufällige Ereignisse zu akzeptieren und zu tolerieren.«

»Sorgen Sie dafür, dass zu den Irrtümern und Unterlassungen der Ermittlungsbehörden nicht auch noch ein Justizirrtum kommt!«, rief Mario Ganzalanis Verteidiger am Ende seines vierstündigen Plädoyers den Richtern zu. Es gäbe keinen einzigen Beweis dafür, dass Ganzalani seine Ehefrau umgebracht hat. Alles deute auf eine Todeszeit nach 23 Uhr hin, als Mario Ganzalani bereits sein Haus verlassen hatte und somit als Täter nicht mehr in Frage kommen konnte. Auch seine ganze Persönlichkeit spreche gegen eine Täterschaft. Die Fakten schlossen eine Mordplanung aus, und für eine Tat im Affekt gab es keine Anhaltspunkte. »Mario Ganzalani ist nicht Täter, sondern Opfer.« Der Rechtsanwalt beantragte deshalb Freispruch wie schon zuvor in einem zweistündigen Plädoyer sein Mitverteidiger. Sehr heftig gingen beide Verteidiger mit der Polizei ins Gericht. Ihre Ermittlungstätigkeit sei von Vorurteilen geprägt gewesen. Von Anfang an sei die Kriminalpolizei davon ausgegangen, dass nur Mario Ganzalani als Täter in Frage komme. Auf diese Weise war das Ermittlungsfeld stark eingeschränkt worden. Vor allem dem verdeckten Hinweis des für das Landeskriminalamt tätigen V-Mannes ging die Aschaffenburger Polizei nur sehr oberflächlich nach. Die verdächtigen Jugoslawen seien zwar vernommen, aber ihr Umfeld nicht sondiert worden. Der Verteidiger richtete auch heftige Angriffe gegen das Hessische Innenministerium, das dem V-Mann keine Aussagegenehmigung erteilt hatte, weil dadurch Leib und Leben des Informanten gefährdet seien. »Hier wurden dem Angeklagten Mario Ganzalani wichtige Verteidigungsmittel entzogen«, schlussfolgerte er. Stattdessen präsentierte die Polizei unglaubwürdige Zeugen: Der eine, der Ganzalanis Auto in der Mordnacht schon um 22 Uhr gesehen haben wollte, meldete sich erst eine Woche nach der Tat, als eine Belohnung von 15 000 Mark ausgesetzt worden war. Der andere, der den Wagen gegen 23 Uhr angeblich auf einem Parkplatz in Froschhausen bemerkte, erklärte, sich ganz genau an das Kennzeichen zu erinnern, nannte dabei aber eine falsche Buchstabenkombination. Der Verteidiger stellte am Schluss seiner Ausführungen zahlreiche Hilfsanträge für den Fall, dass das Gericht von der Schuld des Angeklagten ausging. Einer Reihe dieser Anträge, so ließ der vorsitzende Richter durchblicken, musste das Gericht wohl nachgehen. So hatte der Verteidiger vor allem den Todeszeitpunkt der ermordeten Juweliersgattin erneut in Frage gestellt und vier weitere Gutachter benannt.

Am 28. Juni 1988 stieg das Gericht nach den entsprechenden Hilfsbeweisanträgen des Verteidigers wieder in die Zeugenvernehmung ein. Der vorsitzende Richter benannte insgesamt zehn neue Zeugen, alle weiteren Anträge des Verteidigers zur Einholung neuer Gutachten lehnte er ab. Die Staatsanwaltschaft und der Nebenklagevertreter hatten im Vorfeld beantragt, sämtliche Anträge der Verteidigung zurückzuweisen. Bei den Zeugenbefragungen ging es wieder um den Todeszeitpunkt, um die Glaubwürdigkeit der Belastungszeugen, um verdächtige Personen, die sich angeblich in den Wochen und Monaten vor der Tat in der Nähe des Geschäfts und der Wohnung des Angeklagten aufgehalten hatten, und um die Genauigkeit des von der Polizei verwendeten Leichenthermometers. Die Verteidigung beantragte, beim Eichamt für Glasmessgeräte in Darmstadt und bei der Physikalisch-Technischen

Bundesanstalt in Berlin das Thermometer auf die Genauigkeit seiner Angaben untersuchen zu lassen. Doch das fragliche Leichenthermometer stand nicht mehr zur Verfügung, nach kriminaltechnischen Untersuchungen eines anderen Familiendramas war das Gerät einer Kriminalbeamtin zu Boden gefallen und zerschellt.

Die Zeugen, die am 1. Juli 1988 vernommen wurden, konnten zur Erhellung der mysteriösen Tatumstände nichts Wesentliches beitragen. Abermals stellte die Verteidigung Hilfsanträge. So beantragte sie die Anhörung eines aussagepsychologischen Gutachters, der darlegen sollte, dass Mario Ganzalani die Wahrheit, einer der wesentlichen Belastungszeugen aber die Unwahrheit sagte. Das Gericht wies die Anträge jedoch zurück. Als der Nebenklagevertreter auf eine Reihe von Ungenauigkeiten und Widersprüchen in Ganzalanis Aussagen aufmerksam machte und als Beleg dafür ansah, dass hier »ständig die Angaben korrigiert wurden, je nachdem wie Bedarf bestand«, zeigte sich die Verteidigung befremdet.

Er sei erschüttert über den Vortrag der Oberstaatsanwältin und des Nebenklagevertreters, die ihn der Tötung seiner Frau verdächtigten, erklärte Mario Ganzalani am Ende des Verhandlungstages vor der Schwurgerichtskammer. »Es gibt kein objektives Indiz gegen mich. Ich habe ein reines Gewissen«, versicherte er in seinem Schlusswort. »Lassen Sie mich endlich frei! Lassen Sie mich zu meinem Sohn und meiner Familie.«

Das Urteil

Ein unterdrückter Aufschrei des Angeklagten und Beifall von den voll besetzten Zuschauerreihen markierte nach

22 Verhandlungstagen und der Anhörung von mehr als 100 Zeugen das Urteil gegen Mario Ganzalani am Morgen des Donnerstags, dem 7. Juli 1988, vor dem Aschaffenburger Schwurgericht: 14 Jahre Freiheitsentzug, weil er seine Frau und sein ungeborenes Kind tötete. Totschlag und verbotener Schwangerschaftsabbruch in besonders schwerem Fall, konstatierte der vorsitzende Richter. »Sie haben mich unschuldig verurteilt«, rief Mario Ganzalani den Richtern zu. Einen Moment schien er einem Zusammenbruch nahe, doch dann folgte er blass und mit versteinerter Miene der Urteilsbegründung.

Ganzalanis Schilderung, von einem unbekannten Mann entführt worden zu sein, hielt das Gericht für realitätsfern. Zudem wurde diese Darstellung durch objektive Feststellungen »eindeutig widerlegt«. Drei Zeugen erkannten am Tatabend Ganzalanis Auto unabhängig voneinander zwischen 22 und 23 Uhr. Das Gericht schloss daraus, dass Ganzalani um diese Zeit bereits nach einem geeigneten Abstellplatz Ausschau hielt, um von Passanten im Kofferraum gefunden zu werden. Der junge Mann, der den Mercedes gegen 22 Uhr von Lindach in Richtung Aschaffenburg hatte fahren sehen, war für das Gericht absolut glaubwürdig. Eher zurückhaltend und vorsichtig, aber nicht minder glaubwürdig verhielt sich ein anderer Zeuge, der Ganzalanis Mercedes um 22.55 Uhr aus Aschaffenburg in Richtung Erlenbach fahren sah; eine Strecke, die Ganzalani gar nicht benutzt haben wollte.

Schließlich sei das Auto kurz nach 23 Uhr einem weiteren Zeugen auf einem Parkplatz in Froschhausen aufgefallen. Da es hier aber für die Pläne des Angeklagten zu einsam war, fuhr er auf die nur wenige Minuten entfernte Autobahnbrücke bei der Rastanlage Weiskirchen. Auch die Befreiung Ganzalanis sprach für das Gericht für seine

Schuld: »Wäre er wirklich entführt worden, dann wäre es ihm angesichts seiner handwerklichen Fertigkeiten leicht gefallen, durch das ausgeschlagene Rücklicht zu greifen und den Kofferraum von außen zu öffnen.« Dass dies tatsächlich ohne Weiteres möglich war, hatte die Kriminalpolizei rekonstruiert. »Er hätte sich selbst befreit und wäre im Eiltempo zur Rastanlage gerast, um die Polizei zu verständigen«, bemerkte dazu der Richter. »Er musste aber im Kofferraum gefunden werden, um zu dokumentieren, dass man ihn hier eingeschlossen hatte.«

In diesen Zusammenhang passten nach Meinung des Gerichts auch die Feststellungen der Gutachter zum nicht eindeutig fixierbaren Todeszeitpunkt. Doch ebendeshalb musste die gesamte denkbare, zeitliche Skala berücksichtigt werden, und die begann um 21 Uhr. Der Richter führte aus: »Aber wenn das der einzige Punkt wäre, müsste zugunsten des Angeklagten der Zweifelsgrundsatz durchschlagen.« Er nannte aber noch mehr Belastendes: »Das Bild, das der Angeklagte in Wirklichkeit abgab, passt nicht zu der harmonischen Ehe, die er geführt haben will.« Während seine Frau schwanger war, ist er massiv ehebrüchig gewesen. »Für ihn war das vielleicht angenehm«, meinte der Richter, »für seine Frau sicherlich nicht.«

Was aber im entscheidenden Augenblick zwischen den Eheleuten vorging, war auch für das Gericht nicht nachvollziehbar. Ursula Ganzalani machte ihrem Mann womöglich Vorwürfe, drohte mit Trennung und verletzte ihn dabei vielleicht in seinem Selbstwertgefühl. In solchen Situationen, so hatte im Laufe der Verhandlung der Frankfurter Psychologe Dr. Rehberg erklärt, neigen Männer wie Mario Ganzalani, die innerlich unsicher sind und ein mangelndes Selbstbewusstsein haben, zu panikartigen Reaktionen. Der vorsitzende Richter sagte daher unter Berufung auf den Psychologen: »Der Angeklagte ist ein Mann von einem hohen Maß an Verletzlichkeit. Er empfindet als kränkend, was sein Selbstwertgefühl demaskiert. Eine Trennungsandrohung oder andere Äußerungen, die ihn zurückstoßen, haben für ihn als einen selbstbezogenen Menschen traumatische Bedeutung. Hier besteht eine besondere Gefahr.« Auf eine für ihn angsterzeugende Äußerung seiner Frau könnte Ganzalani demnach gehandelt haben. »Vielleicht betraf das sein Verhältnis zu anderen Frauen, das sie nicht hinnehmen wollte. Vielleicht machte sie ihm Vorhaltungen und drohte ihm, um ihn zu einem anderen Verhalten zu bewegen. Was sich am Tatabend wirklich zwischen den beiden abspielte, bleibt das Geheimnis des Angeklagten. Aber was er getan hat, überschreitet alles Begreifliche.«

Mario Ganzalani hatte zwar mit Tötungsvorsatz gehandelt, dabei aber nicht bewusst die Arg- und Wehrlosigkeit seiner Frau ausgenutzt. Aus diesem Grund entfiel das Mordmerkmal der Heimtücke. Folglich musste Ganzalani wegen Totschlags verurteilt werden. Zugunsten des Angeklagten sprach zwar, dass er nicht vorbestraft war und die Tat nicht geplant hatte, zu seinem Nachteil aber wirkte sich aus, dass er mit der Mutter auch das voll ausgereifte und lebensfähige Kind tötete. Der Beifall aus den Zuschauerbänken schien zu belegen, dass dieses Urteil wirklich »im Namen des Volkes« gesprochen worden war.

Revision beim Bundesgerichtshof

Anderthalb Jahre nach der Bluttat in der Wohnung des Juweliers hob der Erste Strafsenat des Bundesgerichtshofs in Karlsruhe am 14. Februar 1989 das vom Schwurgericht Aschaffenburg gefällte Urteil auf. Ausschlaggebend dafür waren sowohl die Revision des Angeklagten als auch die der Staatsanwaltschaft. Mario Ganzalani konnte nun in einem neuen Verfahren sowohl einen Freispruch als auch »ein Lebenslänglich« bekommen. Die neue Verhandlung, so bestimmte es der Erste Strafsenat, wurde bei der Schwurgerichtskammer des Landgerichts Würzburg durchgeführt.

Die Staatsanwaltschaft begründete ihr Revisionsbegehren damit, dass Mario Ganzalani nur wegen Totschlags und nicht wegen Mordes verurteilt worden war. Den Richtern des Bundesgerichtshofs war die Erläuterung in der schriftlichen Urteilsbegründung des Schwurgerichts zur Verurteilung wegen Totschlags zu kurz ausgefallen. Allein deshalb folgten sie dem Revisionsantrag der Staatsanwaltschaft, obwohl der Generalbundesanwalt die Sache der Staatsanwaltschaft nicht vertrat. Hätte der Bundesgerichtshof die Revision verworfen, hätte das Würzburger Gericht in dem neuen Verfahren keine höhere Strafe verhängen dürfen, als es die Aschaffenburger Richter taten. So aber wurde das Aschaffenburger Urteil voll und ganz gelöscht. Nun entschieden die Würzburger Richter über Schuld oder Unschuld des Angeklagten.

Bei dem von einem Karlsruher Anwalt formulierten Revisionsantrag des Angeklagten bekam vor allem der Hinweis auf einen Fernsehfilm Gewicht, der Ganzalani mit ein paar Szenen in Erinnerung geblieben war. Diesen Hinweis fand der Anwalt in den Prozessakten, als ihm Ungereimtheiten aufgefallen waren. Das Schwurgericht Aschaffenburg war in seiner Urteilsbegründung davon ausgegangen, dass Mario Ganzalani seine hochschwangere Frau noch vor 22 Uhr getötet hatte und anschließend mit seinem Auto durch Erlenbach und Lindach gefahren war. Dem stand eine Aussage gegenüber, die Mario Ganzalani eher beiläufig am Tag nach der Tat bei der Polizei machte. Er erinnerte sich dabei, an dem fraglichen Abend einen Western auf SAT.1 gesehen zu haben. Später beschrieb er dem Ermittlungsrichter sogar ein paar Szenen des Films: eine brutale Schlägerei in einer Pferdebox und einen Mann, der mit hochgestreckten Armen gefesselt worden war. Durch Rückfragen beim Fernsehsender erfuhr der Anwalt, dass der Film von 21.14 Uhr bis 21.57 Uhr und, nach einer Werbeeinblendung, von 22.03 Uhr bis 23 Uhr gelaufen war. Die Szenen, an die sich Ganzalani erinnerte, kamen ab 22.03 Uhr. Wenn er also die Szenen vor dem Fernseher verfolgt hatte, dann konnte er um die fragliche Zeit nicht mit dem Auto unterwegs gewesen sein.

Der Vertreter des Generalbundesanwalts setzte dagegen, dass sich Mario Ganzalani auch anderweitig über die Szenen informiert haben konnte. Immerhin hatte er bis zur Vernehmung vor dem Ermittlungsrichter zwei Wochen Zeit. Auffallend war, dass Ganzalani bei der Polizei am Tag nach der Tat farblos von dem Film berichtete, zwei Wochen später aber über einzelne Szenen Bescheid wusste. Die Verteidigung nahm die Sache mit dem Film besonders wichtig. Denn hätte das Gericht ihr Glauben geschenkt, hätten sich die Angaben jenes Zeugen zwangsläufig als Irrtum herausgestellt, der Ganzalanis Mercedes in Lindach gesehen und im Schein einer Straßenlaterne das Kennzeichen abgelesen haben wollte. Der Erste Strafsenat des Bundesgerichtshofs mochte jedenfalls in seiner Urteilsbegründung nicht ausschließen, dass das Aschaffenburger Schwurgericht unter Berücksichtigung von Ganzalanis Erinnerungen zu anderen Feststellungen über den Ablauf des Abends und damit über die Täterschaft gekommen wäre. Die Richter hielten deshalb die zeitliche Einordnung der Filmszenen für so wichtig, dass sie dem

Revisionsantrag in diesem Punkt folgten. In der neuen Verhandlung in Würzburg musste also genau geprüft werden, um welche Uhrzeit die beschriebenen Filmszenen über den Bildschirm flimmerten und ob sie mit den Angaben des Angeklagten zu vereinbaren waren. Schließlich brachte die Verteidigung abermals die Prüfung der Glaubwürdigkeit des Zeugen, der Ganzalanis Auto in Lindach gesehen haben wollte, ein, und bemängelte, dass das Aschaffenburger Gericht den Hinweisen des V-Mannes nicht genügend nachgegangen war, der vor der Tatnacht von einem geplanten Überfall in Aschaffenburg gesprochen hatte.

Das zweite Gerichtsverfahren

Der Verhandlungsort Würzburg war von der zuständigen Kammer des Bundesgerichtshofs ausdrücklich als neutraler Verhandlungsort fernab von den Wohnorten der Beteiligten ausgewählt worden. Die Richter wollten die zweite Verhandlung an einem Ort stattfinden lassen, dessen Bevölkerung auf den Fall Ganzalani weniger emotionsgeladen reagierte. Die Schwurgerichtskammer des Landgerichts Würzburg terminierte den Beginn der neuen Hauptverhandlung auf den 31. Oktober 1989. Sie wurde mit je zwei Verhandlungstagen pro Woche unbegrenzt angesetzt. Das Interesse der Würzburger Öffentlichkeit an dem Fall Ganzalani war tatsächlich eher mäßig. Die Zuschauerbänke waren nur zur Hälfte belegt, aber die zusätzlich reservierten Presseplätze restlos besetzt, als Mario Ganzalani, flankiert von seinen zwei Rechtsanwälten, am 31. Oktober um 9.20 Uhr in den Sitzungssaal 237 im Würzburger Landgerichtsgebäude kam. Als das Gericht pünktlich um

9.30 Uhr den Sitzungssaal betrat, ließ der vorsitzende Richter noch fünf Minuten Blitzlichter und Kameras aufleuchten, bevor er verkündete, dass für die gesamte Dauer des Prozesses absolutes Foto- und Tonaufnahmeverbot bestand.

Das Gericht, dem neben drei Berufsrichtern auch zwei Frauen als Schöffen angehörten, bekam am ersten Verhandlungstag erstmals zu hören, was Mario Ganzalani den Aschaffenburger Richtern verweigert hatte: seine Schilderung jenes Abends, an dem seine Frau getötet worden war. Ganzalani blieb dabei, dass er unschuldig war und vielmehr unbekannte Täter ihn und seine Frau in der Wohnung überfallen hatten. Das Würzburger Schwurgericht ließ sich von Ganzalani alle Details berichten. Der vorsitzende Richter ermunterte den Angeklagten dabei, »zu sagen, was zu sagen ist«. Er war aufmerksamer und konzentrierter Zuhörer, bohrte nach, wenn ihm in den Schilderungen Ungereimtheiten auffielen und ließ sich jeden Abschnitt des Berichts, so gut das die Erinnerung überhaupt noch vermochte, zeitlich einordnen. Der Angeklagte selbst erinnerte sich an viele Details, manches war ihm aber, wie er sagte, entfallen. Er ergänzte seine Angaben zu dem Fernsehfilm, der mit ein Grund zur Revisionsentscheidung gewesen war. Er konnte sich nun deutlich erinnern, dass der Film den Titel »Chuka – Alleingang im Fort Clendennon« hatte und schilderte einige Szenen daraus, wobei es sich diesmal merkwürdigerweise um völlig andere Episoden handelte als bei seinem Gespräch mit dem Ermittlungsrichter. Eigenartig war auch, dass der Spielfilm bei der ersten Verhandlung in Aschaffenburg weder von dem sehr engagierten Verteidiger noch vom Angeklagten selbst erwähnt worden war.

Hinsichtlich der zeitlichen Abfolge gab es erhebliche

Differenzen. Die Polizei hatte ermittelt, dass die fraglichen Szenen zwischen 21.24 Uhr und 22.13 Uhr gelaufen waren. Ganzalani gab aber an, den Fernsehsender erst gegen 21.45 Uhr eingeschaltet zu haben, und zwar dann, als er hinausging, um das Schloss an der Haustür auszuwechseln. Erst zwischen 22.10 Uhr und 22.15 Uhr betrat er die Wohnung wieder. In der Zeit, in der Ganzalani den Film gesehen haben wollte, hatte er sein Kind gefüttert und ins Bett gebracht, Holz geholt, angeheizt, mit seiner Frau geschmust, Finger- und Zehennägel geschnitten und ein Männermagazin gelesen. Vor dem Würzburger Schwurgericht wurde daher die Frage laut, ob sich Ganzalani früher oder später über den Inhalt des Filmes informiert haben konnte. Schließlich erfolgten seine detaillierten Erzählungen ganze zwei Jahre nach dem fraglichen Abend. Den Recherchen der Polizei nach war der Film bereits 1972, 1976 und 1982 im ZDF gezeigt und am Tatabend um 18.27 Uhr und um 21.04 Uhr jeweils 28 Sekunden anmoderiert worden. Eine einzige Frage bewegte unablässig die Gemüter der Prozessbeteiligten: Ist das, was der Angeklagte vor dem Würzburger Schwurgericht erstmals selbst über die Vorgänge in der Nacht zum 2. Oktober 1987 berichtete, glaubwürdig? Sind Ungereimtheiten zwischen seiner jetzigen Aussage vor Gericht und früheren Angaben vor der Polizei mit den blasser werdenden Erinnerungen zu erklären?

Vor Gericht hatte Mario Ganzalani wiederholt erklärt, in Weiskirchen den Schlüssel zu seinem Geschäft auf einer Seitenkonsole im Mercedes zurückgelassen und ihn nach seiner Befreiung nicht mehr gesehen zu haben. Die Polizeibeamten, die ihn noch an der Rastanlage Weiskirchen vernommen hatten, erinnerten sich aber anders. Der Entführer hatte ihm den Geschäftsschlüssel abgenommen, so

Ganzalanis damaliger Bericht. Damals erzählte er auch, der Fremde habe ihn im Auto dirigiert. »Davon, dass sie erst zum Juweliergeschäft wollten, war keine Rede«, so eine Beamtin vor Gericht.

Die Polizei am Tatort

Das Gericht hörte am zweiten Verhandlungstag die Aschaffenburger Polizeibeamten, die in der Nacht zum 2. Oktober 1987 gegen 0.45 Uhr in die Wohnung von Mario Ganzalani eingedrungen waren. Sie berichteten, dass sie aufgeräumte Zimmer vorfanden, ohne Spuren von Eindringlingen. Es hätte eine ganz normale Wohnung sein können, deren Besitzer gerade weggegangen sind, wenn nicht am Boden die Tote in einer Blutlache gelegen hätte. Die Polizisten hatten das ganze Haus durchsucht, auch die Wohnung der Eltern Ganzalani, die damals verreist waren. Eine Spur der Täter fanden sie jedoch nicht. Aufgefallen war einem der Beamten, der als Erster die Wohnung im Parterre betreten hatte, dass »es unangenehm warm war«. Es blieb auch warm, obwohl anschließend die Fenster geöffnet wurden. »Wir hatten wegen der Leiche schon Bedenken, dass die Fenster zu lange offen standen.« Die Tote sei so liegen geblieben, wie die Polizei sie auffand. »An ihrem Gesicht«, so ein Beamter, »war nicht mehr viel Menschliches zu erkennen. Alles war zerschlagen.«

V-Mann-»Geschichten«

Die Verteidigung hatte schon im ersten Prozess den Ermittlungsbehörden gravierende Fehler bei der Behandlung der Hinweise des V-Mannes aus Frankfurt unterstellt. Vor der Schwurgerichtskammer des Landgerichts Würzburg kam nun zum ersten Mal dessen Aussage zur Sprache, von einem geplanten Überfall auf einen Juwelier in Aschaffenburg erfahren zu haben. Der Polizist selbst hatte vom Hessischen Innenministerium jedoch wieder keine Aussagegenehmigung bekommen, sodass ein Aschaffenburger Kriminalbeamter an seiner Stelle berichtete.

Der V-Mann hatte sich Anfang Oktober 1987 Beamten des Landeskriminalamts anvertraut. Am 13. September, so sein Bericht, hatte ein Jugoslawe in einer Frankfurter Kneipe von dem geplanten Überfall erzählt. Die Sache würde glatt über die Bühne gehen und der Juwelier zahlen, denn er habe eine schwangere Frau, erklärte er dabei, zwei Männer sollten die Tat ausführen. Der Aschaffenburger Kriminalbeamte meinte vor Gericht jedoch, der V-Mann habe sich mit seinem Bericht wichtig machen wollen. Er nannte auch einen möglichen Grund dafür: Weitere Straftaten, die sein Kollege den beiden Jugoslawen angelastet hatte, darunter auch ein Überfall auf einen Juwelier in Gießen mit einer Beute von 200 000 Mark, konnten von der Polizei trotz intensiver Ermittlungen nicht verifiziert werden. Von einem nachweisbaren Überfall in Bad Hersfeld hatte der V-Mann dagegen nichts gewusst. Die beiden Jugoslawen waren von dem V-Mann sogar anhand von Lichtbildern identifiziert worden. Als der eine von ihnen mit den Vorwürfen konfrontiert wurde, bestritt er jedoch energisch. Am 13. September 1987 war er in Seligenstadt nach einer Schlägerei festgenommen und um 13.35 Uhr wieder entlassen worden. Am Nachmittag des 1. Oktober zockte er mit Freunden in einer Gaststätte. Auf intensives Nachfragen des Gerichts und der Verteidigung musste der Kriminalbeamte eingestehen, dass kein Zeuge konkret bestätigen konnte, wo sich der Jugoslawe am Abend des 1. Oktober aufhielt. Die Kriminalpolizei hatte es versäumt, den V-Mann im Gegenzug mit den Aussagen des Jugoslawen zu konfrontieren.

Die beiden Jugoslawen wurden am 20. November 1989 ausgiebig von der Schwurgerichtskammer Würzburg befragt. Der eine, 32 Jahre alt, von Beruf Kellner, derzeit ohne Arbeit, von dem der V-Mann persönlich die Pläne für den Überfall gehört haben wollte, meinte knapp: »Das ist eine Lüge.«

Der Mann war wegen Diebstahls und Urkundenfälschung vorbestraft und hielt sich ohne behördliche Genehmigung in der Bundesrepublik auf. Am 1. Oktober 1987 hatte er vom Nachmittag an bis in die folgende Nacht in einer Frankfurter Gaststätte beim Kartenspiel gesessen. Auf die Frage, wer denn an diesem Tag bei ihm gewesen war, schrieb er dem Gericht die Namen zweier Landsleute auf. Sein Bekannter erklärte dem Schwurgericht: »Ich bin im November 1985 nach Jugoslawien gegangen und erst im März 1988 zurückgekehrt.« Der ebenfalls 32-Jährige, der auch keine Aufenthaltserlaubnis besaß, war wegen schweren Diebstahls und Körperverletzung vorbestraft. In die Bundesrepublik sei er zurückgekommen, »um hier meine Angelegenheiten zu regeln«.

Er war damals als Mittäter eines versuchten schweren Diebstahls in Bad Hersfeld gesucht und nach seiner Einreise auch prompt verhaftet worden. Er lebte bei einer Freundin in Frankfurt. Der V-Mann des Hessischen Landeskriminalamts wurde am 20. November enttarnt, als er als Zeuge vor das Gericht trat. Für die Prozessbeobachter kam dies völlig überraschend, denn noch am vorangegangenen Tag war über seine Identität Stillschweigen bewahrt worden. Doch auf Antrag der Verteidigung hatte sich der vorsitzende Richter mit einem Staatsanwalt in Frankfurt in Verbindung gesetzt, der den V-Mann kurz nach seinem brisanten Bericht wegen eines Verkehrsdelikts hatte festnehmen lassen. Der Staatsanwalt teilte den Namen des Unbekannten ohne weitere Vorbehalte mit. Um die Identität dennoch so weit wie möglich geheim zu halten, wurde die Öffentlichkeit während seiner Vernehmung ausgeschlossen. Die beiden tatverdächtigen Jugoslawen wurden dem V-Mann jedoch im Gericht gegenübergestellt.

Am nächsten Verhandlungstag teilte der vorsitzende Richter den Inhalt der Angaben des V-Mannes lapidar mit: Der Polizeiinformant war bei seiner bisherigen Aussage geblieben, erklärte aber zusätzlich, in dem Gespräch mit dem Jugoslawen den Eindruck gewonnen zu haben, dass der Überfall abgesprochen gewesen sei. Der Juwelier sollte seinen Laden leer räumen, die Frau entführt und für ihre Freilassung 200 000 Mark Lösegeld gefordert werden. Ähnliches, so der V-Mann, habe er auch schon zuvor von einem anderen Jugoslawen gehört. Von Mord, so betonte er aber, sei nie die Rede gewesen. Nach diesen Angaben hatte die Verteidigung kein Interesse mehr, die Angelegenheit weiterzuverfolgen, denn diese Aussage diente nicht mehr der Entlastung des Angeklagten, sondern hatte zu einer wesentlichen Verschlechterung seiner Situation geführt.

Phantasien einer Wahrsagerin

Während der Verhandlung musste sich die Schwurgerichtskammer auch an mehreren Tagen mit den Angaben einer Wahrsagerin beschäftigen. Denn eine 37-jährige Sekretärin, öfter bei der 56-Jährigen aus Dortmund zu Gast, hatte im September 1989 in einer Aschaffenburger Gaststätte einem anderen Besucher erzählt, dass die Kartenlegerin über den Mordfall Ganzalani so einiges wisse. Dieser hatte dann die Polizei informiert, und eines Tages standen die Beamten bei der Wahrsagerin vor der Tür. Am 4. Dezember 1989 erschien sie, gekleidet in Pelz und Pelzmütze. Der vorsitzende Richter eröffnete die Vernehmung mit den Worten: »Wir wollen von Ihnen nur Tatsachen hören, denn nicht jeder glaubt an Kartenlegen.« Worauf sie entgegnete: »Sogar Minister glauben daran.«

Die Kartenlegerin berichtete, dass sich Ursula Ganzalani insgesamt dreimal, erstmals im Jahr 1986 in einem Café in der Aschaffenburger City-Galerie Rat aus ihren Karten holte. In diesem Café gab sie ihren Kundinnen öfter zum Preis von 70 Mark gute Tipps. »Woher Frau Ganzalani mich kannte, weiß ich nicht, wahrscheinlich durch Mundpropaganda«, vermutete sie. Ursula Ganzalani fragte bei den Sitzungen nach den Frauengeschichten ihres Mannes. Dass ihr Mann fremdging, so Frau Ganzalani angeblich zu der Kartenleserin, sei ein Dauerzustand. Sie sagte, er »knutsche in ihrem Beisein fremde Frauen ab«. Andere bekämen von ihm alles, während sie nur ein Stück Dreck sei. Wegen anderer Frauen, so erfuhr die Kartenlegerin, sei es zwischen den Eheleuten auch zu einem Streit gekommen, bei dem Mario Ganzalani seine Frau schlug. Bei den Sitzungen war Ursula Ganzalani außerordentlich ängstlich. Sie fürchtete, ihr Mann könne von dem Kontakt etwas erfahren. Die Wahrsagerin entnahm den Karten, dass Ursula Ganzalani eines Tages von ihrem Mann erschlagen werden würde. »Ich habe ihr Ende aus den Karten gelesen«, behauptete sie vor Gericht. »Ich sagte ihr, wenn Sie sich scheiden lassen, wird Ihr Mann Sie erschlagen.«

Etwa vier Wochen vor ihrem Tod hat Ursula Ganzalani die Kartenlegerin angeblich zuletzt gegen 0.30 Uhr in

Dortmund angerufen. Der Ehemann der Zeugin nahm den Anruf entgegen. »Frau Ganzalani wird allmählich zu einem Problemfall«, sagte er später zu seiner Frau. Ursula Ganzalani hatte in jener Nacht offensichtlich Angst, nachdem ihr Mann nach einer Auseinandersetzung weggefahren war. »Der wird wohl wieder bei seiner Nutte sein«, murmelte sie angeblich. Die Kartenlegerin riet ihr am Telefon: »Nehmen Sie Ihre Handtasche und Ihr Kind und gehen Sie!« Doch Ursula Ganzalani antwortete: »Ich schaffe den Absprung nicht, obwohl er mir das alles antut, liebe ich ihn.« Die Kartenlegerin wollte daraufhin, so erklärte sie dem Gericht, Ursula Ganzalanis Eltern verständigen. »Aber das wollte sie nicht. Sie hat ihre Eltern abgeschirmt. Sie sollten nichts wissen. Ich war ihre einzige Vertraute.«

Die Kartenlegerin nahm, wie sie berichtete, schon zu Lebzeiten von Ursula Ganzalani mit der Polizei in Aschaffenburg telefonischen Kontakt auf. »Ich habe in den Karten den Tod einer Frau gesehen«, sagte sie dem Beamten. Doch der Polizist empfahl ihr, nichts zu unternehmen, weil man sie sonst juristisch belangen könnte. Nach dem Tod von Ursula Ganzalani ließ sie die Sache auf sich beruhen: »Ich hatte Angst vor Mario Ganzalani. Seine Frau hat ihn mir als brutal und unberechenbar geschildert. Außerdem hatte ich gehört, er unterhalte Kontakte zur Mafia.« Das Gericht musste nun überprüfen, ob es sich um eine ernst zu nehmende Zeugin handelte oder ihr Wissen lediglich aus der Presse stammte. Tatsache war, dass ihr Mann, alle Berichte der »Bild-Zeitung« über Ursula Ganzalanis Tod verfolgt hatte, wie er selbst aussagte.

Am nächsten Prozesstag wartete der Verteidiger mit einer neuen Variante der Wahrsagegeschichte auf: »Der Sohn der Zeugin hat sich inzwischen bei mir gemeldet. Er sagt, seine Mutter lügt. Der Mann hat mich telefonisch darüber verständigt, dass er seine Mutter in den Jahren 1984 bis 1987 begleitet hat. Er kenne alle ihre Kunden, die sich in dieser Zeit die Karten legen ließen. Eine Frau Ganzalani sei nicht dabei gewesen.« Im Gegensatz zu dem Bericht der Zeugin erklärte ihr Sohn, seine Mutter habe sich nie in dem Café in der Aschaffenburger Innenstadt aufgehalten. Das, so der Anwalt, bestätigte auch die Geschäftsführerin des Cafés. Der Sohn gab weiter an, dass seine Mutter in mehrere Prozesse wegen Falschaussage verwickelt sei. Der Rechtsanwalt der Kartenlegerin schrieb daraufhin dem Würzburger Schwurgericht einen Brief: Der Sohn seiner Mandantin nahm nie telefonischen Kontakt zum Anwalt von Mario Ganzalani auf, hieß es darin. Ferner begleitete er seine Mutter nur in den Jahren 1984 und 1985 einige Male, später nicht mehr. Deshalb könnte er gar keine Angaben darüber machen, ob Ursula Ganzalani unter den Kundinnen gewesen war. Dass sich die Schwurgerichtskammer ausgerechnet von dieser Zeugin Belastendes über den Angeklagten erzählen ließ, kam manchen Prozessbeobachtern merkwürdig vor. Jedoch die Beantwortung zweier Fragen war enorm wichtig: Hatte sich Ursula Ganzalani tatsächlich die Karten legen lassen? Und erzählte sie der Wahrsagerin etwas über das Verhältnis zu ihrem Ehemann?

Die Zwillingsschwester der Kartenlegerin wurde vorgeladen. Sie sah aus wie die Wahrsagerin: das gleiche weiße Haar, die gleiche Pelzmütze, der gleiche Gang und die gleiche etwas hektische Stimme mit dem unverwechselbaren rheinischen Dialekt. Allerdings erklärte die aufgeräumte Frührentnerin unter Eid: »Meine Schwester hat mir, als ich sie kürzlich besuchte, ein Foto von Frau Ganzalani gezeigt und erklärt, diese Frau noch nie gesehen und ihr auch nie die Karten gelegt zu haben. Nach einer Woche sind wir im Streit auseinandergegangen, sie hetzte ihren Hund auf mich, aber der folgte ihr nicht. In meinem Beisein hat meine Schwester mehrere Kundinnen angerufen und diese gebeten, dem vorsitzenden Richter zu schreiben, dass sie ehrenwert und keine Schwindlerin sei. Sie würden dafür umsonst die Karten gelegt bekommen. Als ich ihr vorhielt, dass das Beeinflussung sei, sagte sie nur: Du bist eben zu dumm dazu. Ich bin nicht umsonst so berühmt.«

Noch mehrere Frauen, alles Kundinnen der Kartenlegerin, wurden als Zeuginnen gehört. Eine gerichtsverwertbare Stimmigkeit über die Aussagen der Wahrsagerin kam dabei aber nicht heraus.

Haftgeschichten

Der Prozess um den Tod der hochschwangeren Ursula Ganzalani trieb immer seltsamere Blüten. Ein Mithäftling in der Aschaffenburger Untersuchungshaft hatte im ersten Prozess erklärt, Ganzalani habe ihm während eines Hofganges den Mord an seiner Frau gebeichtet. Der Angeklagte hatte dies jedoch bestritten und den Mithäftling angezeigt. Der Mann wurde später vom Schöffengericht wegen uneidlicher Falschaussage zu einem Jahr Freiheitsentzug verurteilt. Vor dem Würzburger Schwurgericht verweigerte dieser Zeuge die Aussage, obwohl er dazu nach rechtskräftigem Urteil keine Möglichkeit hatte. Er blieb trotzdem schweigsam, daher verurteilte ihn das Gericht zu 600 Mark Ordnungsgeld und sechs Monaten Beugehaft. An dieser Stelle äußerte sich die Protokollführerin des Gerichts, dass ihr Mario Ganzalani in einer Verhandlungspause über den Zeugen gesagt hatte: »Der hat zu mir in der Justizvollzugsanstalt immer gesagt: Du hast das doch gemacht, da habe ich ›Ja‹ gesagt.« Sie verstand diese Bemerkung so, als ob Ganzalani damals einen lästigen Fragesteller loswerden wollte. Ganzalanis Anwalt, der im Pausengespräch seiner Aussage zufolge ebenfalls anwesend war, erinnerte sich anders. »Herr Ganzalani sagte damals: ›Das ist der Zeuge aus der Justizvollzugsanstalt, der mich gefragt hat, ob ich die Tat begangen hätte, und der behauptete, ich hätte Ja gesagt.‹« Die Protokollführerin meinte allerdings, dass der Anwalt bei dem Gespräch überhaupt nicht anwesend war, was dieser wiederum bestritt. Gegen Ende der Verhandlung erschien das aber kaum noch wichtig angesichts der Vorstrafen des Zeugen: Diebstahl, Beleidigung, Urkundenfälschung, Betrug, Körperverletzung, Sachbeschädigung und noch manches mehr. Vielleicht hatte er auch die Polizei belogen, als er im April 1988 den Beamten Einzelheiten aus Ganzalanis angeblichem Geständnis präsentiert hatte. Eines sollte jedoch nicht verschwiegen werden: Ganzalani hatte am Morgen des Tages der Beerdigung seiner Frau drei Schwarzwälder Kirsch gegessen und zwei Asbach Uralt getrunken, sagte der Zeuge vor der Polizei aus. Mario Ganzalani bestritt dies energisch. Seine Schwiegermutter wollte aber ebenfalls mehrfach davon gehört haben, dass er im Gasthof »Lamm« geschlemmt hatte. Der Angeklagte gab kurz zurück: »Alles an den Haaren herbeigezogen.«

Die Ehefrau eines Beamten des Gefängnisses, in dem der Angeklagte einsaß, hatte sich ebenfalls bei der Aschaffenburger Kriminalpolizei gemeldet und dort vor dem Ermittlungsrichter Angaben gemacht. Sie erzählte, dass ihr Mann für Mario Ganzalani Briefe aus dem Gefängnis transportierte und sie sogar selbst einen solchen Brief Ganzalanis Vater in Erlenbach überbracht hatte. Zudem gewährte ihr Mann dem Angeklagten nachts lange Telefonate. Sie durfte sich zum Dank eine Perlenkette im Juweliergeschäft der Ganzalanis zurücklegen lassen, hatte diese aber nicht abgeholt. Außerdem hatte ihr Mann einmal erklärt, wenn Ganzalani freikomme, werde es ihnen gut gehen, zu diesem Zeitpunkt hatte er schon eine goldene Uhr für seine Dienste erhalten. Das Interessanteste war aber, was Mario Ganzalani dem Gefängnisbeamten über die Mordnacht berichtete: Ursula Ganzalani drohte ihm, ihn wegen seiner Frauengeschichten zu verlassen, da hatte er sie getötet. Die Glaubwürdigkeit der Zeugin war entscheidend dafür, ob man ihren Angaben trauen konnte. Sie war 41 Jahre alt, als Kauffrau tätig und lebte von ihrem Mann getrennt, war aber noch nicht geschieden. Die Scheidung war von ihr eingereicht worden. Ihr Mann hatte sich zu den Vorwürfen nicht geäußert, sondern bei der Polizei lediglich erklärt, seine Frau sage die Unwahrheit. »Ihrer Kinder zuliebe« wollte die Frau vor dem Würzburger Gericht die Vorwürfe nicht wiederholen. Diese hatten sie angefleht, den Vater nicht weiter zu belasten. »Aber ich habe vor der Polizei und dem Ermittlungsrichter wahrheitsgemäß ausgesagt.«

Der Ehemann der Zeugin machte vor Gericht keine Angaben. Sein Anwalt erklärte, sein Mandant wolle seine Frau mit der Verweigerung der Aussage schonen. Von verminderter Zurechnungsfähigkeit nach einer Gehirnoperation war in diesem Zusammenhang sogar die Rede. Ganzalanis Anwalt wusste von »verschiedenen Verfahren«, die gegen die Frau anhängig waren. Es gab außerdem ein aussagepsychologisches Gutachten, das sie in schlechtem Licht erscheinen lasse. Eine Freundin der Eheleute berichtete von Depressionen, unter denen die Frau litt, und von psychosomatischen Behandlungen bei verschiedenen Ärzten.

Schließlich versuchte der vorsitzende Richter herauszufinden, ob an all dem Gehörten etwas Wahres sein könnte. Hatte der Juwelier in der Untersuchungshaft wirklich keine Trauer gezeigt? Hatte er gar mit seinen zahlreichen Freundinnen geprahlt? Beides war jedoch nicht nachweisbar. Ein Zeuge aus dem Gefängnis gab vor Gericht dazu an: »Davon kann überhaupt keine Rede sein.«

Das Gericht am Tatort

Zwei Jahre stand die Wohnung der Ganzalanis schon leer, der inzwischen viereinhalbjährige Sohn lebte bei Verwandten. Zum Ortstermin im Mordprozess drängten sich Mitte Dezember 1989 über 20 Personen in den unbewohnten Räumen. Zu eruieren galt es, wo und wie die Tote im Kaminzimmer lag, wie sich die Blutspuren im Raum verteilten und wo genau der Punkt, von dem aus Mario Ganzalani damals noch den Schatten eines der Täter gesehen haben wollte, war. Das Gericht, begleitet von anderen Prozessbeteiligten und Pressevertretern, traf um 10.30 Uhr mit einem Bus vor dem Wohnhaus in Erlenbach ein. Selbst die Journalisten durften mit in das Hausinnere, lediglich das Fotografieren blieb ihnen untersagt. Der Angeklagte und seine Eltern hätten sich auch anders entscheiden können. Ihr Hausrecht, nur den einzulassen, der ihnen genehm war, war nicht durch das Gebot außer Kraft gesetzt worden, dass eine Gerichtsverhandlung grundsätzlich öffentlich sein muss. Als der Vertreter einer Illustrierten dann doch erwischt wurde, wie er mit versteckter Kamera Fotos schoss, verlor Ganzalani senior für einen Moment die Fassung. Unwirsch verwies er den Mann des Hauses.

Die anwesenden Polizeibeamten erläuterten derweil dem

Gericht, wie sie die Tote in der Wohnung aufgefunden hatten. Die Couch, auf der Ursula Ganzalani beim ersten Schlag, der sie traf, vermutlich gelegen hatte, war so klein, dass sich die Frau nicht ausstrecken konnte. »Wenn meine Frau fernsehen wollte, hat sie sich auf den Rücken gelegt und die Beine über die Seitenlehne hängen lassen«, erklärte Mario Ganzalani. Hatte die Frau dann tatsächlich gelegen, als der Täter auf sie einschlug, oder vielmehr gesessen oder gestanden und war nach dem ersten Schlag nach hinten zurück auf die Couch gefallen? Auf der linken Sitzfläche der Couch hatte die Kriminalpolizei jedenfalls viel Blut gefunden. Die Frau musste dann aufgestanden sein, denn sie war neben dem Glastisch zusammengebrochen. Ob sie versucht hatte, sich gegen ihren Mörder zur Wehr zu setzen, konnten die Beamten nicht mehr nachvollziehen. Spuren, die auf eine Gegenwehr hingewiesen hätten, waren an der toten Frau nicht zu finden gewesen.

Das Gericht inspizierte das Bad, in dem Mario Ganzalani angeblich von einem der Täter überrascht worden war. Dann standen die Richter in dem kurzen Gang, der vom Bad zum Wohnzimmer führte. »Hier stoppte mich der eine Täter«, sagte Mario Ganzalani. »Von dem anderen sah ich im Wohnzimmer nur noch einen Schatten, der sich nach rechts zum Kaminzimmer bewegte.«

Bei seinen ersten Aussagen vor der Polizei nach seiner Befreiung hatte er einer Polizeibeamtin gegenüber berichtet, wie er in seiner Wohnung im Beisein des Gangsters noch erkannt hatte, dass seine Frau von einem der Eindringlinge ins Kaminzimmer gezwungen wurde. Vor dem Ermittlungsrichter zwei Wochen später hatte sich Ganzalani jedoch wieder korrigiert. Zuerst hatte er angegeben, er habe seiner Frau Mut machen wollen, sei auf sie zugegangen und dann von dem Unbekannten gestoppt worden, vielleicht hatte er ihr noch etwas zugerufen. »Nach reiflicher Überlegung«, so Ganzalani später, hatte er aber doch nicht mit seiner Frau gesprochen und von dem zweiten Mann nur einen Schatten wahrgenommen. Draußen vor der Garageneinfahrt, die unmittelbar neben der Haustür lag, zeigte Mario Ganzalani, wie er seinen Mercedes hinausgefahren hatte und wie er vor der Garage ausgestiegen war, um seinem Entführer den Autoschlüssel zu geben. »Ich dachte, er sollte allein fahren; ich wollte zu meiner Frau zurück.« Zudem erläuterte er, wie der Täter ihn ins Auto zurückgedrängt hatte, dann um das Heck des Wagens ging, auf der Beifahrerseite einstieg und sich auf den Rücksitz hockte.

Die nächste Station des Ortstermins war die Autobahnraststätte Weiskirchen. Dort stand für das Gericht ein Mercedes zur Rekonstruktion bereit. Da das Originalauto von einem Gebrauchtwarenhändler schon längst veräußert worden und der neue Besitzer nicht bekannt war, hatte die Polizei einen baugleichen Ersatz beschafft. Es war das Auto des Nebenklagevertreters. Die Polizei hatte das rechte Rücklicht ausgebaut und die Fassung eingeschlagen. Mario Ganzalani legte sich bäuchlings in den Kofferraum und reckte den rechten Arm durch die Rücklichtöffnung: »So habe ich meinen Pullover hinausgestreckt und angezündet«, demonstrierte er. Dann versuchte er, durch die Öffnung den Verschlussknopf des Kofferraums zu erreichen, doch sein Arm war zu kurz. Bei der Schilderung der Vorgänge am ersten Verhandlungstag hatte Mario Ganzalani vor dem Würzburger Schwurgericht erklärt: »Ich konnte das Schloss nicht finden.«

Für das Aschaffenburger Schwurgericht war dies seinerzeit in der ersten Verhandlung ein belastendes Indiz gewesen. Das Gericht, das damals keinen Augenschein genommen hatte, sagte in seiner mündlichen Urteilsbegründung: »Wäre er wirklich entführt worden, dann wäre es ihm angesichts seiner handwerklichen Fähigkeiten leicht gefallen, den Kofferraum zu öffnen.«

Zeugenaussagen

Schon bei der ersten Verhandlung war ein 25-jähriger Kaufmann aus Bessenbach als ein Hauptbelastungszeuge aufgetreten. Das Gericht schloss damals aus seiner Beobachtung, dass Mario Ganzalani am 1. Oktober 1987 gegen 22 Uhr mit seinem Mercedes zur Autobahn unterwegs war, um von dort Weiskirchen zu erreichen. Auch vor der Schwurgerichtskammer des Landgerichts Würzburg blieb der Kaufmann bei seiner Aussage. An die Zeit konnte er sich deshalb so genau erinnern, weil er auf der Weiterfahrt durch eine Radarkontrolle fuhr. Die Polizei bestätigte, dass diese Kontrollstelle um 22.05 Uhr aufgehoben worden war. Der Kaufmann wurde weiter intensiv von allen Prozessbeteiligten befragt. Er kannte das Auto genau, sagte er aus. Als der Mercedes noch seinem Vorbesitzer, einem Erlenbacher Betonfabrikanten, gehörte, hatte er es mehrfach gefahren und in seiner Werkstatt gepflegt. Der tief liegende Mercedes war erst ein paar Monate vor dem Mord an den Juwelier verkauft worden. Als der Wagen an jenem Abend auf ihn zukam, so der Zeuge, rechnete er damit, den Betonfabrikanten am Steuer sitzen zu sehen. Die beiden waren gut miteinander befreundet, deshalb betätigte er auch kurz die Lichthupe. In der Dunkelheit konnte er aber niemanden im Auto erkennen. Erst später, als er seinem Vater von der Beobachtung erzählte, erfuhr er, dass das Auto unterdessen dem Juwelier Ganzalani gehörte. Sein Vater, ein Aschaffenburger Versicherungskaufmann, drängte ihn denn auch später, seine Beobachtungen der Polizei mitzuteilen. Das sei dann eine Woche nach der Begegnung mit dem Mercedes geschehen. Dieser zeitliche Abstand irritierte die Verteidigung. Wie schon im ersten Prozess steuerte der Anwalt darauf hin, dass der Zeuge nur ausgesagt hatte, um die ausgesetzte Belohnung zu kassieren. Der Zeuge bestritt erneut: »Die Belohnung interessierte mich wenig.«

Obwohl Staatsanwalt und Verteidigung darauf verzichteten, vereidigte der vorsitzende Richter den Zeugen. Dem Gericht war die Aussage des Zeugen sogar so wichtig, dass es einen Kfz-Gutachter bestellte. Dieser führte vor Gericht aus, dass es tatsächlich möglich war, das Kennzeichen abzulesen. Er hatte in Lindach an Ort und Stelle entsprechende Versuche angestellt. Bei Abblendlicht und richtiger Scheinwerfereinstellung sei das Kennzeichen ab einer Entfernung von fünf Metern ablesbar. Weil das eine gewisse Konzentration erfordere, sei es nicht möglich, gleichzeitig festzustellen, wie viele Personen im Auto säßen. Ein 30-jähriger Programmierer, der damals in Froschhausen wohnte, trat als weiterer Zeuge auf. Er hatte am 1. Oktober 1987 zwischen 23 und 23.30 Uhr auf dem Parkplatz vor seinem Haus einen Mercedes der S-Klasse beobachtet, als er aus dem Fenster seines Badezimmers blickte, nachdem er Reifen auf dem Kies knirschen hörte. Vor dem Schwurgericht in Würzburg wiederholte er, was er bereits vor der Schwurgerichtskammer des Landgerichts Aschaffenburg erklärt hatte. Er erkannte damals an dem Kennzeichen des Wagens die Buchstaben-Kombination AB-A und eine runde Hunderterzahl mit zwei Nullen. Das Auto blieb einen Moment stehen und fuhr dann in Richtung Autobahn davon. Das Aschaffenburger Gericht war davon ausgegangen, dass dem Angeklagten dieser Parkplatz zu einsam lag, während er in der Nähe der Raststätte Weiskirchen sicher schnell gefunden werden würde. Wenn Mario Ganzalani tatsächlich der Täter war, hätte es aber auch sein können, dass er bei diesem kurzen Aufenthalt blutige Bekleidung entsorgte.

Streit der Gutachter

Die exakte Todeszeit von Ursula Ganzalani ließ sich auch vor dem Schwurgericht in Würzburg nicht feststellen. Der Rechtsmediziner Professor Schulz, der schon im ersten Prozess als Gutachter aufgetreten war, legte seiner Todeszeitbestimmung die Modellrechnungen des Berliner Gerichtsmediziners Schneider zugrunde. Dieser hatte Todesfälle untersucht, die sich bei Raumtemperaturen von 18 bis 22 Grad Celsius ereignet hatten. Im Kaminzimmer der Ganzalanis herrschte zur Tatzeit eine Temperatur von etwa 21 Grad. An der Toten hatte die Polizei um 3.54 Uhr eine Körpertemperatur von 35,1 Grad festgestellt. Diese Temperatur, so Gerichtsmediziner Schneider in seiner Untersuchung, erreichen verstorbene Frauen nach fünf Stunden. Bei Schwangeren, so Professor Schulz, dauert es länger, weil sie ein höheres Wärmepolster haben. Eine weitere denkbare Verzögerung schloss Professor Schulz nicht aus, weil Ursula Ganzalani auf dem beheizten Fußboden lag. Der Gutachter legte deshalb die Tatzeit auf 22.30 Uhr bis 23 Uhr fest. Spätere und frühere Tatzeiten, so Professor Schulz, seien aber auch nicht gänzlich auszuschließen. »Aber was über 23.30 Uhr hinausgeht, wird für mich immer unwahrscheinlicher. Da ist die Stunde zwischen 21 und 22 Uhr sogar noch eher denkbar.«

Der von der Verteidigung benannte Frankfurter Rechtsmediziner Professor Brettel maß der Leichenstarre für die Todeszeitbestimmung mehr Bedeutung zu. Sie sei, beginnend drei Stunden nach dem Tod, nach längstens vier Stunden in den Gelenken deutlich spürbar. Doch Professor Schulz bemerkte in der Mordnacht erst gegen vier Uhr Totenstarre, die sich dann gegen fünf Uhr »deutlich kräftiger entwickelte«. Professor Brettel schloss daraus, dass Ursula Ganzalani auch erst gegen 24 Uhr gestorben sein konnte, »wenn auch nicht zwingend, denn vieles ist in diesem Fall zu fragwürdig, um zu einem genauen Ergebnis kommen zu können«. Brettel meinte, dass durch die lang anhaltende hohe Körpertemperatur der Toten die Leichenstarre sogar besonders früh hätte einsetzen müssen – eher nach zwei als nach vier Stunden. Nur wenn die Körpertemperatur früh abfalle, könne mit einem Zeitraum von fünf Stunden gerechnet werden. Die Ausführungen des Rechtsmediziners Professor Brettel gingen, auch für einen Laien erkennbar, an den Tatsachen weit vorbei. Denn wenn die Leichenstarre drei Stunden nach dem Tod bemerkbar wird, ergäbe das einen Todeszeitpunkt von ein Uhr, um diese Zeit war die Leiche aber schon entdeckt worden. Kurioser wird die Rechnung noch, wenn man Brettels Aussage zugrunde legt, dass die Leichenstarre sogar früher hätte einsetzen müssen. In der Rückrechnung ergäbe dies einen Todeszeitpunkt von etwa zwei Uhr.

Psychologen und Psychiater

Mit der Beantwortung der Frage, ob Mario Ganzalani die grausige Bluttat begangen haben könnte, taten sich der

Psychologe Dr. Richtberg vom Zentrum für Psychiatrie der Universität Frankfurt und der Würzburger Neurologe und Psychiater Professor Sattes schwer. Dr. Richtberg äußerte: »Ich kenne keinen rationalen Beweggrund für die Tat. Das heißt grundsätzlich aber nicht, dass der Angeklagte es nicht gewesen sein kann. Man kann nicht voraussagen, wie sich ein Mensch in bestimmten Situationen verhält, weil normales Verhalten nicht messbar ist. Wir wissen im Voraus nicht, wie ein Mensch in extremen Situationen reagiert, aber unsere Kenntnis aus tatsächlichen Fällen zeigt, dass auch das Undenkbare möglich ist. Zu was man wirklich fähig ist, erfasst man erst in extremen Situationen.« Und Professor Sattes sagte vor Gericht: »Die Tat mit seiner Persönlichkeit in Verbindung zu bringen ist schwer.«

Oft sei eine Tat, so Dr. Richtberg, nur aus der Situation heraus, nicht aber aus der Biographie des Täters zu erklären. Dies treffe vor allem bei Verbrechen zu, die im Affekt begangen wurden. Bei alleiniger Betrachtung der Lebensgeschichte von Mario Ganzalani sei der brutale Mord an seiner Frau für ihn persönlichkeitsfremd. Bei einer Affekttat aber kann eine Handlung »über eine Person hinauswachsen und ihr Wollen überwuchern«. Der Angeklagte warf an dieser Stelle ein: »Das habe ich nicht gewollt.« Mario Ganzalani sei aber nicht der Typ für die klassische Affekttat. »Das sind vielmehr Leute, die alles in sich hineinfressen. Es entstehe ein Affektstau, und ein banales Ereignis kann zum Überlaufen des Fasses und zu blitzartigem exzessiven Handeln führen.« Ganzalani hat jedoch Affekte nicht aufgestaut, sondern abreagiert. Wenn ihm etwas nicht passte, wurde er seinem eigenen Bekenntnis zufolge rasch unduldsam oder zornig, war dann aber genauso schnell wieder beruhigt. Doch auch dazu führte Dr.

Richtberg eine Gegenseite an: Mario Ganzalani sei eine Persönlichkeit von instabilem Selbstwertgefühl. Hier liegt eine Disposition für kurzschlussartige Handlungen vor, die eine persönlichkeitsfremde Aktion realisieren kann. Einen geplanten Mord hielt der Psychologe für ausgeschlossen. Sollte das Gericht sich letztlich von der Täterschaft Ganzalanis überzeugen, dann müsse es davon ausgehen, dass Affekte die Tat steuerten.

Mord kam auch für den Psychiater Dr. Sattes nicht in Frage. »Dafür kann ich keine Umstände finden und erfinden«, erklärte er, »aber was wird aus so einem Affekt, konnte Mario Ganzalani so handeln, wie er gehandelt hat? Konnte er so umschalten, wie die Ereignisse nach der Tat es zeigen? Andererseits kann der Angeklagte durch den Tod seiner Frau in Panik geraten sein. Man ist überrascht, dass viele Menschen in einer solchen Situation planvoll handeln. Der Zusammenbruch kommt erst, wenn die Panik abgeklungen ist.« Ganzalani ist eine normale Persönlichkeit mit normalen Reaktionsweisen, »einen affektiven Ausnahmezustand kann ich nicht annehmen, wenn ich überhaupt nicht weiß, wie er entstanden sein könnte«, führte der Gutachter weiter aus.

Eine Tatrekonstruktion

Am 18. Dezember 1989 wurde im Schwurgerichtssaal bis ins Detail versucht, das schreckliche Geschehen im Kaminzimmer der Eheleute Ganzalani nachzuvollziehen. Mit fünf brutalen Schlägen auf den Kopf war Ursula Ganzalani von ihrem Mörder getötet worden. Nach dem ersten Schlag lebte die Frau noch, sie taumelte und brach dann zusammen. Als sie schon hilflos am Boden lag, muss der Täter ihr weitere Schläge auf den Kopf versetzt haben. So rekonstruierte der Würzburger Rechtsmediziner Professor Dr. Schulz die letzten Minuten im Leben des Opfers.

Ein Justizwachtmeister hatte vorher im Auftrag des Gerichts das todbringende Holzscheit, das die Polizei seinerzeit sicherstellte, untersucht. Es war 1,328 Kilogramm schwer, 47 Zentimeter lang und hatte einen Durchmesser von 7,5 Zentimetern. An einer Stelle haftete deutlich sichtbar noch eine Blutspur. Viele Fragen ließen sich noch immer nicht ohne Weiteres beantworten, wie zum Beispiel: Stand Ursula Ganzalani, als der erste Schlag sie traf? Der Rechtsmediziner Professor Schulz ging zunächst davon aus, dass sie die erste Verletzung im Bereich der Stirn »bei zwangloser Liegeposition« erlitten hatte. Danach hätte die Frau auf dem Rücken geruht, und die Beine baumelten über der Lehne der Sitzcouch, so wie Mario Ganzalani die normale Ruheposition seiner Frau selbst beschrieben hatte. Für den Angeklagten wäre diese Ausgangssituation von Nachteil gewesen, denn so lässig auf der Couch liegen würde eine im neunten Monat schwangere Frau wohl nur in intimer Atmosphäre. Deshalb kam sofort die Frage des Verteidigers: »Könnte sie beim ersten Schlag auch gestanden haben?«

»Ja«, sagte der Gutachter, »mit den aufgefundenen Spuren sei auch diese Version zu vereinbaren.« Fast geschäftsmäßig nüchtern wurden die grausigen Möglichkeiten vor Gericht durchgegangen. Die Frau wäre nach der zweiten Version nach dem ersten Schlag zurück auf das Sofa gefallen und hätte dabei die später dort auf dem Kissen gefundenen starken Blutspuren zurückgelassen.

Der erste Schlag war zwar nicht tödlich, so der Gerichtsmediziner, aber von solch brutaler Wucht, dass die oberen Zähne auf den Unterkiefer aufschlugen und ein

Zahnstück absplitterte. Ursula Ganzalani muss wieder in die Höhe getaumelt sein, sich über den Glastisch gebeugt noch ein paar Meter weitergeschleppt haben und dann vor dem Kamin zusammengebrochen sein. Mit der rechten Seite des Kopfes hatte sie dort auf dem Boden gelegen. Der Täter muss ihr noch vier weitere Schläge versetzt haben, die die linke Scheitel-Schläfen-Region und das linke Ohr trafen. Diese Schläge seien tödlich gewesen, so Professor Schulz. Der Rechtsmediziner stellte fest, dass sich Ursula Ganzalani gegen ihren Mörder nicht zur Wehr setzte. Sie hatte an ihren Händen keinerlei Abwehrverletzungen, etwa Quetschungen, die sie ansonsten zwangsläufig erlitten hätte. Das Kind im Mutterleib hatte keinerlei Überlebenschance, es war innerhalb weniger Minuten an Sauerstoffmangel gestorben. Der Täter muss im Angesicht seines Opfers gestanden haben, denn am Boden, im Bereich von Ursula Ganzalanis Gesicht, war ein fächerförmiger Sektor frei von Blutspritzern geblieben. Wenn hier der Mörder gestanden hat, so Professor Schulz, »muss man davon ausgehen, dass er nicht nur vereinzelt Blutspuren an sich hatte«. An Mario Ganzalani, den der Rechtsmediziner schon ein paar Stunden nach der Tat untersucht hatte, waren aber nicht die geringsten Blutanhaftungen gefunden worden, weder an seinem Körper noch an seiner Kleidung. Das Siphonwasser der Dusche, so ein Gutachter des Bayerischen Landeskriminalamts, hatte keinen Hinweis dafür geliefert, dass kurz zuvor noch geduscht worden war.

Der Nebenklagevertreter breitete am 25. Januar 1990 farbige Vergrößerungen von Fotos der Ermordeten auf dem Richtertisch aus. Mario Ganzalani blickte leichenblass zur Seite, seine Schwiegereltern verließen den Gerichtssaal. Der Anwalt verwies auf zwei Blutanhaftungen auf der

Couch und auf »Liegekuhlen« in den Couchkissen. Auch von einer »Blutstraße« war die Rede, die die schwer verletzte Ursula Ganzalani über dem Glastisch hinterlassen hatte, als sie nach vorn getorkelt und zu Boden gestürzt war. Der Nebenklagevertreter wollte dies einbringen, weil er glaubte, dass er mit Hilfe der Abbildungen Rückschlüsse auf den Tatablauf ziehen könnte.

Das Plädoyer des Staatsanwalts

Vier Stunden lang listete der Staatsanwalt am 1. Februar 1990 akribisch alle Zeugenaussagen auf. Gegen 16 Uhr kam er zum vorläufigen Ergebnis seines Plädoyers: »Mario Ganzalani hat am 1. Oktober 1987 gegen 22.15 Uhr nicht mehr mit seiner Frau geschmust. Um diese Zeit hatte er sie schon erschlagen.« Durch die von Ganzalani geschilderte Tatversion sah der Staatsanwalt den Verdacht bestätigt, der Angeklagte selbst habe seine Frau erschlagen.

»Wenn die Fremden mit den von Ursula Ganzalani verlorenen Schlüsseln eingedrungen sind, dann muss das vor 21.45 Uhr passiert sein, bevor Mario Ganzalani das Haustürschloss ausgewechselt hat. Warum warteten sie dann aber mit dem Überfall bis 23 Uhr und setzten sich dem Risiko der Entdeckung aus?« Die in Mario Ganzalanis Version auftauchenden Täter hatten keinerlei Maßnahmen zur Eigensicherung getroffen, keine Telefonleitungen aus der Wand gerissen, das Opfer nicht gefesselt, das Haus nicht nach weiteren Personen durchsucht. »Dabei wäre der in seinem Kinderzimmer schlafende zweieinhalbjährige Sohn eine willkommene Geisel gewesen.«

In der Wohnung wurde keine Beute gemacht, obwohl im Bad eine Schale mit Goldschmuck lag, der Tresor im

Kinderzimmer den Familienschmuck enthielt, im Wohnzimmer eine goldene Uhr zu finden war und in einer Handtasche Schecks und wertvoller Schmuck, unter anderem ein fast 5000 Mark teures Damencollier, steckten. Die schon vor der Schwurgerichtskammer in Aschaffenburg aufgestellte Behauptung der Verteidigung, dieser Verzicht sei damit zu erklären, dass die Täter anhand des Diebesguts nicht identifiziert werden wollten, sei ein Fehlschluss, erörterte der Staatsanwalt. »Sie waren mit dem angeblich geplanten Überfall gerade auf Schmuckbeute aus, hätten also das genannte Risiko in Kauf genommen.« Schließlich gebe es auch für jugoslawische Gangster keinerlei Motiv, eine hochschwangere Geisel auf so brutale Art umzubringen. Alle bekannt gewordenen Überfälle auf Juweliere hatten allein dem Zweck gedient, durch brutale Gewalt an das Ziel, nämlich die Beute, zu gelangen. »Einen Toten hat es dabei noch nie gegeben.«

Als der erste gewaltige Schlag auf Ursula Ganzalanis Schädel prallte, ist sie völlig ahnungslos gewesen. Der Staatsanwalt folgerte daraus: »Sie hielt ihre Hände nicht schützend vor ihr Gesicht. Dies ist undenkbar in Anwesenheit eines unbekannten Gangsters. Der erste Schlag erfolgte, als sie auf der Couch lag.« Dafür sprach ein kleines Borkenstück, das von der Todeswaffe abgesplittert und zwischen Liegekissen und Lehne der Couch gefunden worden war. »Hätte Ursula Ganzalani nicht gelegen, wäre das Rindenstück nicht an diese Stelle gefallen.«

Auch eine Absplitterung an ihren Schneidezähnen spreche dafür, dass der tödliche Schlag sie unverhofft traf. Das Holzscheit steckte ursprünglich in einem Kübel neben dem Kamin. Der Ankläger weiter: »Es ist ausgeschlossen, dass ein Fremder dieses Tatwerkzeug ergreift, damit immerhin ein paar Meter bis zur Couch auf Ursula Ganzalani zugeht und sie dennoch keine Abwehrbewegung macht. Das muss jemand gewesen sein, der mit dem Holz scheinbar eine sinnvolle Tätigkeit am Kamin ausüben wollte – also niemand anderer als Mario Ganzalani selbst.«

Gegen die Entführungsversion sprach aber auch Mario Ganzalanis Verhalten in Weiskirchen, erklärte der Staatsanwalt. »Ganzalani hätte den Kofferraumverschluss entgegen seinen Angaben sehr wohl öffnen können.« Statt auf dem Bauch hätte er auf dem Rücken liegend mit der linken Hand durch das ausgeschlagene Rücklicht greifen und den Verschlussknopf erreichen können. Dies habe er selbst bei der Rekonstruktion in Weiskirchen nach Aufforderung des Gerichts, allerdings bei geöffnetem Kofferraum, demonstriert. Eine Drehung von Bauch- auf Rückenlage sei aber auch bei geschlossenem Kofferraum möglich. »Es ist daher unverständlich, dass er als handwerklich begabter Mann zwar das Rücklicht herausschlagen und einen nach draußen gedrückten Pullover in Brand setzen konnte, aber in der Aufregung angeblich den Kofferraumverschluss nicht fand.« Der Grund für dieses Verhalten, so der Ankläger weiter: »Er hatte es darauf angelegt, sich von Unbekannten finden zu lassen, die seine Entführungsversion bestätigen sollten.«

Für den Staatsanwalt war an Ganzalanis Schilderung auch unverständlich, dass der unbekannte Entführer den Kofferraum nicht versperrt und den Fahrzeugschlüssel nicht einfach weggeworfen hatte. Keines der objektiv vorhandenen Indizien, so der Anwalt, reiche zwar für sich allein für eine Verurteilung aus, »in ihrer Gesamtheit bilden sie aber eine Kette, die zu der Überzeugung führt, dass nur Mario Ganzalani der Täter sein kann«. Am Ende seines Plädoyers forderte der Ankläger eine lebenslange Freiheitsstrafe für den Juwelier.

Das Plädoyer des Nebenklagevertreters

»Keinen anderen Antrag als der Staatsanwalt«, stellte im Anschluss an die Ausführungen des Anklägers auch der Anwalt, der Ursula Ganzalanis Eltern als Nebenkläger vertrat. Der Rechtsanwalt zeichnete vor Gericht die Szene minutiös und mit allen blutigen Details nach: Als Ganzalani mit dem Holzknüppel in der Hand sich seiner ruhenden Frau näherte, als er sich neben sie stellte und weit zum Schlag ausholte – warum hat sie dann nicht reagiert? Ursula Ganzalani, so des Anwalts Antwort, habe mit geschlossenen Augen gelegen oder sei vom Fernsehprogramm zu stark in Anspruch genommen worden. »Was sich da über fünf oder sechs Meter auf sie zu bewegte, wusste sie nicht.« Diese Arglosigkeit hatte der Täter erkannt und ausgenutzt.

Für den Nebenklagevertreter stand fest, dass das Opfer beim ersten Schlag auf der Couch ruhte – gleichzeitig Beweis dafür, dass nur noch ihr Ehemann in der Wohnung war. Der Rechtsanwalt erklärte genauer: »Eine Schwangere, die wusste, was ihr bevorsteht, hätte sich notfalls wie ein Berserker gewehrt, hätte vielleicht zur Flasche gegriffen, die ja noch auf dem Tisch stand, hätte geschrien oder wegzulaufen versucht.« Stattdessen ruhte sie – der Rechtsanwalt beschwor die Szene immer wieder. Während seine Mandanten den Saal verließen, versuchte er dem Gericht anhand der Farbfotos von der Toten noch einmal plausibel zu machen, warum Ursula Ganzalani beim ersten Schlag auf der Couch gelegen haben musste: Mit einem Astauswuchs des Holzstückes hatte der Täter gezielt auf den Schädel seines Opfers eingeschlagen. Blut sei dabei in den Rachenraum und die Stirnhöhle gelangt. Noch im Liegen atmete die benommene Frau das Blut ein und wieder aus. Der Anwalt verwies dabei auf festgehaltene Spuren ausgeatmeten Blutes, die abwärts bis zu den Knien reichten. »Diese Spuren müssen auf der Couch entstanden sein. Denn diese zweisitzige Couch war so kurz, dass die Frau, wenn sie auf dem Rücken liegend fernsah, die Knie anziehen musste. Die Blutspur hört deshalb am Knie auf.«

Der Nebenklagevertreter sprach nun als Erster davon, dass Ursula Ganzalani mit insgesamt sieben Schlägen getötet worden war – zwei auf der Couch und fünf, nachdem sie taumelnd zu Boden gestürzt war. Auf den Kopfbildern der Toten hatte der Anwalt sieben Wunden ausgemacht. Zwei Schläge erhielt die Frau auf der Couch, dafür sprach die große Menge Blut, die auf das Sofa gelaufen war. Der zweite Tatabschnitt folgte später, nachdem die Frau hochgetaumelt und zwischen Sofa und Kamin zusammengebrochen war. Hier, so der Anwalt, habe sie fünf weitere Schläge erhalten. Dieses grausige Szenario mache den Täter vollends zum gewissenlosen Gewaltverbrecher. Der Anwalt hielt es sogar für denkbar, dass Ganzalani seine Frau nach den ersten Schlägen verlassen hat und mit seinem Auto ziellos durch Lindach und Erlenbach gefahren ist. Dabei hätte sein Fahrzeug von einem der Zeugen in der Nähe der Autobahnauffahrt Lindach beobachtet werden können. Dann aber muss Ganzalani wieder nach Hause zurückgekehrt sein. Fielen die ersten Schläge vielleicht noch im Affekt, jetzt musste dieser abgeklungen sein. Trotzdem folgten laut Anwalt dann erst die tödlichen Schläge auf die am Boden liegende Frau. Außerhalb der Blutlachen war nur eine geringe Anzahl von Blutspritzern festgestellt worden. Folglich sei auch der Täter nicht über und über mit Blut besudelt gewesen. Aus dem Spurenbild schloss der Anwalt: »Der Täter hat sich um sein Opfer herumbewegt und aus drei Richtungen geschlagen.«

Der Nebenklagevertreter bestritt im Laufe seines Plädoyers, dass Mario Ganzalani seine Version immer ohne Abweichungen schilderte. »Er hat im Verlauf der Vernehmungen immer nachgebessert und korrigiert, wenn Bedarf bestand, und wenn er sah, dass die erste Darstellung nicht haltbar war, die ganze Geschichte in ein Raster von tatsächlich Geschehenem eingepasst. Dennoch ist sie nicht gut erfunden. Sie enthält viele Fehler.«

Dies galt sowohl für die Frage, wie die Täter noch im Wohnhaus an den Geschäftsschlüssel für das Juweliergeschäft gekommen sind, als auch für die Frage, wo der Schlüssel nach der Entführung geblieben ist. Unglaublich zum Beispiel, dass der Entführer in Weiskirchen Auto- und Geschäftsschlüssel zurückließ und den Kofferraum mit dem Entführten noch nicht einmal abschloss. »Wusste er denn, dass Mario Ganzalani ihn nicht auf der Stelle verfolgt?« Genauso unglaubwürdig war für den Anwalt die Darstellung vom geplanten Überfall auf Ganzalanis Juweliergeschäft in Lindach. »Wie sollte der Täter denn hier unbemerkt eindringen?« Der Parkplatz an der Rückfront war beleuchtet und von der Straße einsehbar. Auf der Vorderseite hätte zunächst das Scherengitter mit großem Getöse hochgeschoben werden müssen, und gegenüber war noch Betrieb im Gasthaus »Zum Grünen Baum«. Ganzalanis Geschäft lag im Blickfeld des Eingangs. Der Anwalt: »Das alles stimmt nicht überein.«

Die Verteidigung

Die Verteidigung, repräsentiert von einem Rechtsanwalt aus München und dem schon im ersten Verfahren tätigen Anwalt aus Aschaffenburg, forderte Freispruch. Allerdings stellten die Anwälte zunächst 16 Hilfsbeweisanträge für den Fall, dass das Gericht nach Würdigung aller bisher vorliegenden Beweise sich von der Schuld Ganzalanis überzeugt zeigen sollte. Einer dieser Anträge zielte darauf ab, durch 14 international renommierte Gerichtsmediziner den Todeszeitpunkt von Frau Ganzalani unter Berücksichtigung des Auftretens der Leichenstarre und der daraus resultierenden Rückrechnung feststellen zu lassen. Das Gericht lehnte diesen, wie die übrigen Anträge auch, allerdings wegen Bedeutungslosigkeit ab. Beide Anwälte der Verteidigung erklärten: »Die bisherige Beweislage trägt keine Verurteilung. Mario Ganzalani muss deshalb freigesprochen werden.«

Wie schon im ersten Prozess wurden die Ermittlungsmängel der Polizei angesprochen. Die Beamten hatten Mario Ganzalani von Anfang an nicht geglaubt. »Und das zieht sich wie ein roter Faden durch die ganzen Ermittlungen.« Die Polizei sei davon ausgegangen, in Ganzalani den Mann gefunden zu haben, der seine Ehefrau mit fünf brutalen Schlägen auf den Kopf ermordete. Mit der Fahndung nach den von einem V-Mann ins Spiel gebrachten jugoslawischen Verdächtigen entledigte man sich dann nur einer lästigen Pflicht. Dabei ließen die Verteidiger allerdings außer Acht, dass dieser Mann ihren Mandanten selbst in die Mittäterschaft einbezogen hatte.

Die Frage, ob Mario Ganzalani am Tatabend zwischen 21.45 und 22.15 Uhr Teile eines Westerns sehen konnte, beschäftigte die Verteidiger besonders. Der Münchner Anwalt wollte mit einem Hilfsbeweisantrag nachprüfen, dass Ganzalani die fraglichen Szenen nicht schon am frühen Abend in der Programmvorschau gesehen haben konnte. Von der Verteidigung wurde nicht bedacht, dass Mario Ganzalani seinen eigenen Angaben zufolge gerade in dieser fraglichen

Zeit gar nicht in seiner Wohnung gewesen, sondern damit beschäftigt war, das Türschloss an der Haustür auszuwechseln. Die Verteidigung schlussfolgerte aber, wenn der Angeklagte in der fraglichen Zeit Teile des Films sehen konnte, dann müsste sich auch jener Zeuge geirrt haben, der Ganzalanis Mercedes gegen 22 Uhr in Lindach mit einer männlichen Person am Steuer gesehen haben wollte. Die Verteidigung hielt diesen Zeugen aufgrund seines persönlichen und geschäftlichen Lebenswandels ohnehin für unglaubwürdig. Der Verteidiger argumentierte weiter, dass die vor Gericht vorgebrachten Beobachtungen des Zeugen von einem Gutachter widerlegt worden seien. »Danach kann man in der Dunkelheit entweder nur das Kennzeichen oder eine Person im Wagen erkennen, beides zusammen nicht.« Der Gutachter hatte allerdings etwas anderes ausgesagt, nämlich dass »bei Abblendlicht und richtiger Scheinwerfereinstellung das Kennzeichen ab einer Entfernung von fünf Metern zwar ablesbar« sei, »da das aber eine gewisse Konzentration erfordere, war es nicht möglich, gleichzeitig festzustellen, wie viele Personen im Auto säßen«.

Hart gingen die Verteidiger mit manchen Zeugen ins Gericht: »Es ist unglaublich, was hier in skrupelloser Weise gelogen wurde, nur aus Gewinnsucht oder um sich wichtig zu machen.« (Gegen die Wahrsagerin, die behauptet hatte, Ursula Ganzalani die Karten gelegt zu haben, hatte die Staatsanwaltschaft inzwischen ein Verfahren wegen uneidlicher Falschaussage eingeleitet.) Weit und breit war kein Motiv dafür erkennbar, warum Ganzalani seine Frau getötet haben sollte, so die Verteidiger. »Zwei erfahrene Gutachter haben hier vor Gericht bekundet, dass diese Tat für ihn persönlichkeitsfremd ist. Eine solche Tat begeht niemand ohne Grund, es sei denn, er ist geisteskrank oder verrückt.«

Mehrfach verwiesen die Verteidiger darauf, dass es auch keinen objektiven Beweis gebe, der für die Täterschaft von Ganzalani spreche. Sie bedauerten, dass es unmöglich gewesen war, den Todeszeitpunkt von Ursula Ganzalani näher einzugrenzen. Auch hier habe es Ermittlungsfehler gegeben, als das mögliche Auftreten von Totenflecken und -starre nicht rechtzeitig beachtet wurde. Nach den Plädoyers seiner Verteidiger hatte Mario Ganzalani das letzte Wort: »Ich bitte Sie, mich zu meinem Sohn zu lassen, weil ich mit der schrecklichen Tat an meiner Frau nichts zu tun habe.«

Das Urteil

Am Montag, dem 19. Februar 1990, verkündete die Schwurgerichtskammer das Urteil. Mario Ganzalani war blass, schien aber äußerlich gefasst. Ohne sichtbare Gemütsbewegung hörte er gegen 10.20 Uhr im überfüllten Gerichtssaal mit mehr als 200 Zuschauern das Urteil. Es lautete genau wie vor zwei Jahren in Aschaffenburg: 14 Jahre Freiheitsentzug wegen Totschlags und Abbruch einer Schwangerschaft. Das Gericht war überzeugt davon, dass Mario Ganzalani am 1. Oktober 1987 seine hochschwangere Frau im Jähzorn mit einem Holzscheit erschlagen hat. Wegen seiner verschiedenen Frauenbekanntschaften musste es Streit zwischen den Eheleuten gegeben haben. Der vorsitzende Richter erklärte: »Im Affekt hat er ihr dann, entweder um sie zum Schweigen zu bringen oder für ihre Vorwürfe zu strafen, mit dem Kaminholz auf den Kopf geschlagen.« Das Verhältnis zwischen den Eheleuten war keineswegs so rosig gewesen, wie es verschiedene Zeugen geschildert hatten. Aus Äußerungen gegenüber ihrem

Schwiegervater und ihrer Mutter konnte man schließen, dass Ursula Ganzalani von den diversen Frauenbekanntschaften ihres Mannes wusste.

»Zur Tatzeit war sie hochschwanger, sah ihre sexuelle Attraktivität in Frage gestellt und steckte voller Misstrauen«, erörterte der Richter. Aus dieser Situation ergab sich am Tatabend das verhängnisvolle Streitgespräch. Nur in diesen Zusammenhang passte auch die Wahrsagerin, die als Zeugin unrühmlich Furore machte. Der Gerichtsvorsitzende kommentierte: »Das Gericht ist nicht den Bruchteil einer Sekunde ihrer Version nachgegangen. Die Frau wurde nur zu der Frage vernommen, was sie gesehen oder gehört hatte.« Drei Zeuginnen hatten unter Eid bestätigt, von der Wahrsagerin schon vor dem Tatabend etwas über Ursula Ganzalani und ihre Probleme mit dem Ehemann erfahren zu haben. Also konnte die Wahrsagerin sich nicht erst nach dem Tod der Frau über die Zusammenhänge informiert haben. Ursula Ganzalani hatte demnach, so schlussfolgerte das Gericht, tatsächlich Kontakt mit der Frau und berichtete ihr dabei einiges über den Kummer mit ihrem Mann. »Die Schlüsse, die wir daraus ziehen, lauten: Die Auseinandersetzung zwischen den Eheleuten Ganzalani und die ehelichen Probleme hatten ihren Grund in seiner Untreue.«

Dass Mario Ganzalani nach einem heftigen Wortwechsel in erregtem Zustand zuschlug, passte zu dem Persönlichkeitsbild, das die Gutachter von ihm entwarfen. Ursula Ganzalani dagegen ahnte nichts: »Sie war arg- und wehrlos, saß oder lag auf der Couch. An ihrer Leiche wurden keine Abwehrverletzungen gefunden, so schnell kam die Tat über sie.« Das Gericht ging davon aus, dass Mario Ganzalani die Arglosigkeit seiner Frau nicht bewusst ausnutzte. Die Richter glaubten, dass der Mann in affektivem

Zustand blindlings drauflos schlug. So konnte man auch nicht mehr nachvollziehen, wie viel Zeit zwischen den ersten Schlägen auf das Opfer verging. Bei einem zeitlich großen Abstand hätte sich der Affekt abgebaut, die am Boden liegende Frau wäre dann bewusst attackiert worden. »Wir haben jedoch Zweifel, dass zwischen den Schlägen längere Zeit verging. Dies muss sich zugunsten des Angeklagten auswirken. Doch er ist haarscharf an einer Verurteilung wegen Mordes vorbeigekommen«, führte der Gerichtsvorsitzende weiter aus.

Ganzalanis Aussage, zur Tatzeit entführt worden zu sein, sei sowohl aufgrund der unglaubwürdigen Tatschilderung als auch durch Zeugenaussagen und objektive Beweise widerlegt worden. »Der zurückgebliebene Mann war angeblich bewaffnet. Warum sollte er Ursula Ganzalani dann mit dem Kaminholz erschlagen?« Ganzalani hatte aus dem Innern des Kofferraumes, das Rücklicht ausgeschlagen und erfolglos versucht, durch diese Öffnung den Kofferraumverschluss zu erreichen. »Einem technisch versierten Mann glaubt man nicht, dass dies misslingt«, kommentierte der Richter. Im Laufe der Ermittlungen und in der Hauptverhandlung machte der Angeklagte unterschiedliche Angaben zum zweiten Täter. Einmal hat er angeblich nur einen Schatten gesehen, ein andermal den zweiten Mann erkannt. Einmal trugen beide Täter Strumpfmasken, ein andermal blieb das offen. Unklar war auch, was in Weiskirchen mit dem Geschäftsschlüssel zum Lindacher Juweliergeschäft geschah. In der Hauptverhandlung hatte Ganzalani gemeint, er habe den Schlüssel auf die Mittelkonsole seines Autos gelegt, wo er von der Polizei auch gefunden wurde, in Weiskirchen erzählte er seinerzeit, den Schlüssel dem Entführer ausgehändigt zu haben, der ihn gleich einsteckte.

Widerlegt, so das Gericht, war Ganzalanis Schilderung auch durch zwei Zeugen, die sein Auto in Lindach und Froschhausen sahen. In Lindach wurde das Auto gegen 23 Uhr beobachtet, wie es quasi im Zickzack fuhr, die B 26 hinaus und über den Erlenbacher Weg wieder hinein. »Aus diesem Kurs ist zu schließen, dass er Zeichen von Unruhe zeigte. Er wusste nach der Tat nicht, wohin.« Immer noch auf der Suche nach einem Ort, wo er aufgefunden werden wollte, kam er dann zur Autobahn, fuhr nach Weiskirchen und zunächst nach Froschhausen. Auf einem Parkplatz wurde er von einem Zeugen beobachtet, der einen Mercedes und Teile des Kennzeichens erkannte.

Der Richter vermutete: »Ganzalani fuhr weg, als in der Wohnung des Zeugen das Licht anging.« Alle Mercedes-Fahrzeuge mit ähnlichen Kennzeichen waren überprüft worden, keines fuhr damals durch Froschhausen. Der Richter erklärte weiter: »Was sollte das auch für ein Zufall gewesen sein? Nur einen Kilometer weiter liegt die Stelle beim Rasthaus Weiskirchen, wo Ganzalani dann tatsächlich gefunden wurde.« Der dritte Zeuge, er wollte Ganzalanis Auto schon gegen 22 Uhr in Lindach gesehen haben, war für das Gericht nicht überzeugend. »Er hatte zu viele Erinnerungslücken. Ihm musste zu viel vorgehalten werden.« Vor dem Aschaffenburger Gericht hatte dieser Mann noch als Hauptbelastungszeuge gegolten.

Der Western war jedoch ohne Bedeutung. Ganzalani konnte nach der Argumentation des Gerichts um 22 Uhr durchaus ferngesehen haben, denn der Zeitpunkt, wann Ursula Ganzalani starb, stand nicht fest. Der Film bot deshalb keine Entlastung mehr. »Es ist eine Ironie, dass das gerade den Punkt in der Beweiskette trifft, der zur Aufhebung des Ersturteils führte«, sagte der vorsitzende Richter. Bei der Strafzumessung konnte sich das Gericht in einem Rahmen von fünf bis 15 Jahren bewegen. »Der hohe Unrechtsgehalt der Tat, der Verstoß gegen die gebotene Rücksichtnahme auf die schwangere Ehefrau und die furchtbaren Folgen des Geschehens rechtfertigen eine strenge Strafe«, sagte der vorsitzende Richter dazu. Die Höchststrafe von 15 Jahren habe das Gericht nicht gewählt, weil Ganzalani sich selbst auch hart traf: »Er hat seine Familie zerstört, sein Kind und jedes gesellschaftliche Ansehen verloren. Wir glauben, dass seine Trauer und seine Tränen echt sind. Deshalb haben wir dieselbe Strafe verhängt, zu der sich auch schon das Aschaffenburger Gericht aus wohl erwogenen Gründen entschloss.«

Das Gericht verurteilte Ganzalani wegen Totschlags und Abbruch einer Schwangerschaft. Nach höchstrichterlicher Entscheidung des Bundesgerichtshofs ist das Leben eines ungeborenen Kindes im Mutterleib ein persönliches Rechtsgut. Wer die Mutter vorsätzlich tötet, nimmt billigend in Kauf, das auch das Kind dabei zu Tode kommt. Der Täter ist somit wegen zweier rechtlich zusammentreffender Tötungsdelikte und nicht wegen eines Tötungsdelikts und einer Abtreibung zu belangen. Auf die Höhe der Strafe hätte sich diese Rechtsauffassung allerdings nicht ausgewirkt.

Abermals Revision

Mit einer formalrechtlichen Rüge begründete die Verteidigung ihre im Juni 1990 eingelegte Revision gegen das Urteil der Schwurgerichtskammer Würzburg. Die Rüge, mit der die Verteidigung die zweite Verurteilung aus den Angeln heben wollte, bezog sich auf Hilfsbeweisanträge, die das Gericht »wegen Bedeutungslosigkeit« zurückgewiesen hatte. Auch die Staatsanwaltschaft hatte wiederum Revision eingelegt und damit begründet, dass das Gericht wegen Mordes eine lebenslange Freiheitsstrafe hätte verhängen müssen. Noch bevor der Bundesgerichtshof über die erneute Revision entschied, zog der inzwischen in der Justizvollzugsanstalt Straubing einsitzende Mario Ganzalani resigniert seinen Antrag zurück. In einem Brief an seinen Rechtsanwalt führte er aus: »Es wird mir immer deutlicher, dass das Gericht, die Staatsanwaltschaft und die Polizei, in bester Zusammenarbeit, meine Verurteilung erzwingen. Nach langem Kampf habe ich mich entschlossen, die Revision zurückzuziehen. Das Einzige, was mir helfen würde, wäre die Ergreifung der Täter oder ein definitiver Beweis. Das Vertrauen in die Justiz habe ich endgültig verloren. Ich bin überzeugt davon, dass selbst bei einer Revision das nächste Gericht zum selben Urteil gelangen würde. Es kommt mir zwar wie ein Verrat an mir selbst vor, aber ich muss in erster Linie an meine Familie denken. Unter Berücksichtigung der finanziellen und geschäftlichen Lage musste ich nach einem Gespräch mit meinen Eltern zu diesem Entschluss kommen.« Nachdem der Verteidiger die Rücknahme der Revision seines Mandanten offiziell veranlasst hatte, zogen auch die Staatsanwaltschaft und die Nebenkläger ihre Revision zurück.

Irritationen

Die Richter, die Staatsanwälte und die Kriminalbeamten glaubten Mario Ganzalanis Version vom Tathergang nicht. Aber sie hatten auch keine schlagkräftigen Beweise dafür gefunden, dass es nicht so war, wie Ganzalani es geschildert hatte. Fragen tauchen auf, die aus dem Archivmaterial nicht zu beantworten sind. Ganzalani gab an, dass der Fremde ihm ein paar Kleidungsstücke zuwarf und ihm befahl, sie anzuziehen. Doch woher hatte der Fremde diese Kleidungsstücke, wo er doch gar nicht wissen konnte, dass er den Wohnungsinhaber und Geschäftsbesitzer nackt in der Toilette finden würde? Mit »ein paar Kleidungsstücken« ist man normalerweise nur notdürftig bekleidet. Wie Ganzalani angezogen war, als er an der Tankstelle in Weiskirchen angetroffen wurde, geht aus den Unterlagen nicht hervor. Allerdings sagte ein Polizeibeamter, der als einer der Ersten an Ganzalanis Auto in Weiskirchen war, vor Gericht aus, dass er der Meinung war, es »mit einem Zuhälter zu tun zu haben«. Eine Kriminalobermeisterin aus Offenbach bemerkte vor Gericht: »Ich dachte damals schon, wenn die Entführung wirklich stimmt und der Täter ihm die Kleidung daheim zugeworfen hat, warum hat er in dieser Situation noch so viel Schmuck angezogen?« Wenn also die Beamten den Eindruck hatten, es mit einem Zuhälter zu tun zu haben, dann war der Mann wohl nicht nur notdürftig bekleidet.

Ganzalani demonstrierte bei einer Tatortrekonstruktion, dass er bäuchlings im Kofferraum lag und es ihm nicht gelungen war, den Kofferraumdeckel zu öffnen. Wer gezwungen wird, in den Kofferraum eines Autos zu steigen, der legt sich erfahrungsgemäß nicht bäuchlings, sondern seitlich rücklings in den engen Raum. In dieser Körperposition kann man am ehesten noch die Aktionen vornehmen, von denen Ganzalani berichtet hat, nämlich das Rücklicht ausschlagen, einen Pullover durchzwängen, diesen anzünden und als Hilferuf auf die Fahrbahn schleudern. Doch woher hatte er den Pullover? Hat er das Kleidungsstück in seiner Wohnung von einem der Täter zugeworfen bekommen? Dann müsste er es im engen Kofferraum erst ausgezogen haben und wäre beim Eintreffen der Polizei noch dürftiger bekleidet gewesen. Ausschlaggebend dafür, dass Ganzalanis Version nicht stimmen konnte, ist aber die Tatsache, dass der Stoff eines Pullovers, weder Kaschmir noch Mischgewebe, nicht brennt. Bei einem Experiment des Autors konnte das Feuerzeug wegen der entwickelten Hitze gar nicht lange genug an den Stoff gehalten werden. Der Stoff glomm nur ganz kurz, und das angekohlte Stück ging sofort wieder aus. Ein offenes Feuer war damit absolut nicht anzufachen. Ganzalani hat also eindeutig gelogen, was im Strafverfahren mit einem Experiment der geschilderten Art bereits hätte nachgewiesen werden können. Die Richter haben es sich nicht leicht gemacht, sondern während des Prozesses noch in allen Richtungen Zeugen befragt, die Entlastendes hätten zutage fördern können, aber was sich in den entscheidenden Minuten im Wohnzimmer der Eheleute Ganzalani zugetragen hat, blieb auch für sie letztendlich im Dunkeln.

SZENEN GESCHEITERTER ZWEIERBEZIEHUNGEN

Scheidung auf türkisch

Die Oberpfälzerin Margareta Luminger qualifizierte sich in den 1960er Jahren beispielhaft und mit großer Disziplin weiter. Sie holte die Mittlere Reife nach, machte auf dem Nürnberg-Kolleg das Abitur und studierte an der Universität Erlangen-Nürnberg Jura. Nach dem zweiten Staatsexamen wurde sie Richterin auf Probe beim Verwaltungsgericht Ansbach und später Regierungsrätin beim Landratsamt Weißenburg. Während ihres aufreibenden Ausbildungsganges lernte sie 19-jährig im Jahre 1967 den 23 Jahre alten Lageristen Klaus Schlappiger kennen. Bereits ein Jahr später heirateten die beiden. Den Lebensunterhalt bestritt das junge Paar von BAföG-Zuschüssen und dem Verdienst von Klaus Schlappiger. Dieser hatte durchschnittlich erfolgreich Schule und Lehre hinter sich gebracht.

Die Ehe verlief harmonisch, solange Klaus Schlappiger seiner Arbeit nachging, doch schon während der Referendarszeit seiner Ehefrau klagte er zunehmend über Nervenbeschwerden. Er suchte unzählige Ärzte auf, die ihm aber nicht gegen »die Strahlen«, die ihm angeblich unentwegt mit unterschiedlicher Intensität zusetzten, helfen konnten. Um sich vor Verfolgung zu wappnen, besorgte sich Klaus Schlappiger eine Pistole, die er ständig im Stiefelschaft mitführte. Fast parallel zu seiner Nervenkrankheit nahm auch die Harmonie in der Ehe ab. Es schien fast so, als wolle Klaus Schlappiger auf seine Arbeitsunfähigkeit hinarbeiten. Er kultivierte seine Krankheit und spezialisierte sich auf schwer widerlegbare Nervenleiden. Seine Lebensplanung zielte offenbar darauf ab, Frührentner zu werden und keineswegs mit 35 Jahren noch arbeiten zu müssen. Seine Ehefrau Margareta, die er als seine »Investition« bezeichnete, weil er sie während ihres Studiums unterstützt hatte, sollte fortan für den Lebensunterhalt aufkommen. Mit seinen unverschleierten Absichten und ihrer angeblichen Schuld ihm gegenüber belastete Klaus Schlappiger seine Ehefrau extrem und bereitete ihr ein regelrechtes Martyrium. Margareta sagte einmal zu ihrer Mutter: »Dafür kann er sich jetzt eine Richterin halten wie ein anderer einen Hund.«

Dabei war sie durchaus bereit, ihrem Ehemann auf Heller und Pfennig zurückzuzahlen, was er jemals für sie ausgegeben hatte. Die Situation des Ehepaars wurde nicht besser, als Margareta Schlappiger sich 1985 eine eigene Wohnung nahm, um näher an ihrem Arbeitsplatz zu sein. Schon während des Umzugs waren die tiefen Risse in ihrer Ehe vollends sichtbar geworden. Nach der räumlichen Trennung blieb im Grunde nur noch die Scheidung. Klaus Schlappiger mochte sich damit jedoch nicht anfreunden, wie er später zu Protokoll gab. Vor Jahren habe er seiner Frau eine steile berufliche Karriere ermöglicht, und jetzt, da er sie brauche, wolle sie ihn verlassen und mit ihm brechen. Als Klaus Schlappiger, nun schon Frührentner, im Herbst 1985 in den Fürther Grünanlagen den 50-jährigen ehemaligen Bäcker August P., der vor zwölf Jahren obdachlos geworden war und sich bei schönem Wetter am liebsten im Park aufhielt, kennen lernte, offenbarte er diesem in schonungsloser Offenheit, dass er seine Frau umbringen werde. Er strebe eine »Scheidung auf türkisch« an, sagte er. August P. nahm diese Ankündigung jedoch trotz mehrmaliger Wiederholung nicht ernst.

Anfang des Jahres 1986 drang Klaus Schlappiger ins Landratsamt Weißenburg, dem Arbeitsplatz seiner Frau, ein, entführte sie, zwang sie ins Auto und fuhr mit ihr in ein Waldstück. Dort verkündete er, dass er sie erschießen, ihre Leiche mit dem extra hierfür mitgenommenen Benzin übergießen und anzünden und die Verbrennungsreste ihrer Mutter, die er besonders hasste, vor die Haustür legen würde. Um zu betonen, dass er eine scharfe Waffe bei sich hatte, durchschoss er eine Parkscheibe und zeigte seiner Frau das beachtlich große Loch. An diesem Tag ließ er zwar vom Mord ab, demonstrierte seiner Frau aber seine Überlegenheit und kalte Entschlossenheit. Margareta Schlappiger meldete den Zwischenfall der Polizei, und als sie erfuhr, dass ihr Mann ins Bezirkskrankenhaus Ansbach eingeliefert worden war, setzte sie sich mit den Ärzten in Verbindung und erzählte ihnen, dass sie schon mehrfach von ihrem Ehemann bedroht und geschlagen wurde. Da auch die Psychiater in Ansbach ihren Patienten für berechnend und gezielt handelnd hielten, glaubten sie, er sei ein Fall für den Staatsanwalt. Das Ärzteteam informierte deshalb die Staatsanwaltschaft in Ansbach über den »gefährlichen Psychopathen«. Ein Vertreter der Staatsanwaltschaft erklärte den Medizinern jedoch, eine Unterbringung oder Untersuchungshaft wäre ein unangemessen scharfes Mittel gegen Klaus Schlappiger. Als der Staatsanwalt nichts unternahm, wurde Schlappiger am 8. Februar 1986 wieder aus dem Bezirkskrankenhaus Ansbach entlassen.

Margareta Schlappiger war sich über den Ernst der Bedrohung durch ihren Ehemann bewusst. Resigniert sprach sie einmal zu ihrer Mutter, dass sie damit rechne, von ihrem Mann einmal umgebracht zu werden, und als Juristin bezeichnete sie die sich abzeichnende Tat als »vorsätzlichen, geplanten und heimtückischen Mord«. Es sei allerdings schade, dass es kein Gesetz gebe, dass ein solches Verbrechen verhindere, fügte sie hinzu. Am 28. Februar 1986 war in einem Fürther Innenstadtlokal ein Treffen der Eheleute Schlappiger vereinbart, bei dem die Scheidung besiegelt werden sollte. Trotz aller Alarmsignale war Margareta Schlappiger nicht ängstlich, als sie sich zu dem Treffen mit ihrem Mann aufmachte, denn er hatte ihr »beim Tode seiner Mutter« versprochen, ihr nichts anzutun. Plötzlich, so Klaus Schlappiger später in seiner Vernehmung, habe er aber die »Strahlen« ganz deutlich gespürt und ungeheure Angst bekommen. Er zog seine Waffe, richtete sie auf seine Frau und drückte ab. Er traf sie genau in den Kopf. Margareta Schlappiger wurde schwer verletzt in eine Klinik in Erlangen eingeliefert, in der sie drei Tage später, ohne das Bewusstsein wiederzuerlangen, ihren schweren Verletzungen erlag.

Klaus Schlappiger wurde festgenommen und landete erneut in der Psychiatrie des Bezirkskrankenhauses Ansbach. Dort wurde eine Überfunktion der Schilddrüse und eine paranoide Psychose diagnostiziert. Mehrfach irrte der Mann in der Folgezeit nachts orientierungslos umher. Im Juni, drei Monate nach seiner Einlieferung und nachdem ihm diverse Medikamente verabreicht worden waren, wurde er schlagartig ruhig und las ständig in der Bibel. Am 13. Juli 1986 wollte sich Klaus Schlappiger mit einem Elektrokabel in der Toilette erhängen. Doch der Suizidversuch misslang, er wurde gerettet. Fortan, so Klaus Schlappiger später bei der Gerichtsverhandlung, habe er sich mit dem Gedanken getragen, auf welche Weise er den

Mord sühnen könne. Er habe nur zwei Wege gesehen: entweder Gefängnisstrafe oder den eigenen Tod. Im Dezember 1988 kam es vor der Schwurgerichtskammer des Landgerichts Nürnberg-Fürth zum Prozess gegen den nun 44 Jahre alten Frührentner. Er wurde des Mordes an seiner Ehefrau beschuldigt, den er angeblich »im Zustand der Schuldunfähigkeit« begangen hatte. Der Prozess, dessen Ablauf von verschiedenen Gutachtern bestimmt wurde, zog sich über mehrere Tage hin. Zum Schluss gelangten die Richter zu der Überzeugung, dass der Angeklagte im Zustand der »verminderten Schuldfähigkeit« gehandelt hatte und verurteilten ihn wegen Totschlags unter Berücksichtigung dieses Umstandes zu einer Freiheitsstrafe von acht Jahren.

Richter als Mörder

Zum ersten Mal in der deutschen Rechtsgeschichte wurde am 6. April 1981 nach 17-tägigem Prozess in Düsseldorf ein Richter wegen der Tötung seiner Ehefrau verurteilt. Die Schwurgerichtskammer des Düsseldorfer Landgerichts verhängte gegen den 40 Jahre alten Solinger Jugendrichter Emanuel Eibinger zehn Jahre Freiheitsstrafe wegen Totschlags. Der Angeklagte wurde für schuldig befunden, am 10. April 1979 seine 37-jährige Ehefrau und Mutter seiner beiden Söhne, neun und 17 Jahre alt, erwürgt zu haben, nachdem sie ihm wegen seiner Affäre zu einer 38 Jahre alten Justizangestellten erneut Vorwürfe gemacht hatte. Eibingers Geliebte wurde als Mitangeklagte wegen versuchter Strafvereitelung zu neun Monaten Freiheitsstrafe auf Bewährung verurteilt. Sie hatte Eibinger nach der Tat geholfen, die Leiche in eine Schonung zu transportieren und ein Sexualverbrechen vorzutäuschen. Die Staatsanwaltschaft hatte für Eibinger zwölf Jahre Haft und für die Mitangeklagte ein Jahr auf Bewährung gefordert, die Verteidigung auf eine »wesentlich mildere Strafe« plädiert.

Im Prozess hatte sich der Jugendrichter auf einen Affektstau berufen. In seinem letzten Wort vor der Urteilsverkündung erklärte er: »Ich bereue zutiefst den Tod meiner Frau.«

Seine Geliebte war aufschluchzend in der Anklagebank zusammengebrochen, nachdem sie den ganzen Prozess über ruhig und gefasst geblieben war. Die Richter der Schwurgerichtskammer schlossen sich weitgehend der Auffassung jener Sachverständigen an, die in der Tat zwar eine affektbestimmte Handlung sahen, sie aber nicht als Folge eines Affektstaus werteten. Der Angeklagte habe zum Beispiel nach der Tat »zweckgerichtet und planvoll gehandelt«. In der Urteilsbegründung betonte der vorsitzende Richter, dieses in der deutschen Rechtsgeschichte einmalige Strafverfahren sei nicht nach dem Motto »eine Krähe hackt der anderen kein Auge aus« verlaufen. Es sei aber auch der Gefahr entgegenzuwirken gewesen, einen ehemaligen Kollegen als Angeklagten härter zu behandeln und zu bestrafen als andere Täter.

Der »Trabrenn-Mord«

Beim Trabrennsport lernten sich 1978 die 31-jährige, wohlhabende und in der Hamburger Gesellschaft als attraktive Erfolgsfrau bekannte Belinda Johansen, die ein florierendes Abbruchunternehmen besaß, und der aus kleinsten Verhältnissen kommende 34 Jahre alte Kurt-Emil Sablinski kennen. Die Schule hatte Sablinski nur bis zum 14. Lebensjahr besucht, arbeitete dann auf einem Fischdampfer, als Kellner, im Autohandel und im Spielkasino. Als Innenausstatter von Gaststätten und angeblich auch als Geldverleiher auf St. Pauli war er zu einem gewissen Wohlstand gekommen. Unter anderem leistete er sich Pferde, so auch den Traberhengst »Fabiant«, den er selbst aufzog und einritt. Gegen den Willen ihrer Eltern heiratete Belinda Johansen bald nach ihrem Kennenlernen den 34-Jährigen. Die junge Frau störte offensichtlich weder die Herkunft ihres Partners noch die Tatsache, dass er einen Kopf kleiner war als sie. Bald aber kriselte es in der Ehe. In Trabrennsportkreisen hieß es nur bissig über den Rennstall der beiden mit dem Namen »AGB« – »Ahrenburg, Gut bei Hamburg« –, es müsse in Wirklichkeit »Alles gehört Belinda« heißen.

1984 kam es zur Scheidung, bei der Belinda wieder ihren Mädchennamen Johansen annahm. Zuvor überschrieb Sablinski sein Lieblingspferd »Fabiant«, das einen Wert von 100 000 Mark besaß, seiner Frau. Es habe jedoch die interne Vereinbarung bestanden, wird Kurt-Emil Sablinski später bei Gericht aussagen, »dass das Tier in Wirklichkeit auch weiter mir gehören sollte«. Die geschiedene Belinda Johansen verweigerte jedoch die Rückgabe, sodass Sablinski »Fabiant« schließlich entführte und ihn bei Bekannten versteckte. Seine ehemalige Gattin ließ das Tier aber zurückholen. Nach einer juristischen Auseinandersetzung setzte Belinda Johansen durch, dass »Fabiant« beim mit 100 000 Mark dotierten »Deutschland-Pokal« auf der Trabrennbahn Hamburg-Bahrenfeld laufen sollte. Als Kurt-Emil Sablinski, der der Auffassung war, das Tier sei untrainiert, am 23. September 1984 davon erfuhr, kam es zum

Eklat. Nach einem heftigen Streit mit Belinda Johansen trank Sablinski in kürzester Zeit einen Liter Wein. Eine Pistole trug er schon seit Tagen bei sich, weil er sich bedroht fühlte. Dann trat er auf der voll besetzten Tribüne der Trabrennbahn Hamburg-Bahrenfeld an seine geschiedene Frau heran, schoss vor Tausenden von Zuschauern nur wenige Minuten vor dem Start zum »Deutschland-Pokal« achtmal aus nächster Nähe auf sie, sagte nach Zeugenaussagen lapidar »So«, drehte sich um und ging davon. Belinda Johansen verblutete noch auf der Tribüne. Der Schütze wurde von Zuschauern überwältigt.

Zehn Monate später, im Juni 1985, kam es vor der Großen Strafkammer des Landgerichts Hamburg zum Prozess gegen Kurt-Emil Sablinski. Der Staatsanwalt hatte ihn lediglich wegen Totschlags angeklagt. Während der Tat habe eine »Bewusstseinsstörung vorgelegen, ausgelöst durch eine hochgradige seelische Erregung und durch anderthalb Promille Alkohol im Blut«. Das Gericht verurteilte Kurt-Emil Sablinski wegen Totschlags in einem minderschweren Fall zu dreieinhalb Jahren Freiheitsentzug. Es bescheinigte dem Angeklagten, unter einer schweren Bewusstseinsstörung gelitten zu haben, die seine Schuldfähigkeit verminderte. Der ungewöhnliche Fall ist als »Trabrenn-Mord« in die Hamburger Kriminalgeschichte eingegangen.

Schicksalhafte Eintragung im Tagebuch

Der 46 Jahre alte verheiratete Kurt Weinrich aus Gollheim bei Worms machte Karriere, obwohl er seine Lehre nicht mit einem Gesellenbrief abgeschlossen hatte. Unterdessen stand er als Polier an der Spitze eines 35-köpfigen Teams, das zum Kanalbau nach Hilpoltstein im bayrischen Mittelfranken geschickt wurde. Er und seine Kollegen waren dafür verantwortlich, dass ins Betonfundament der Kanalschleuse fachgerecht stützende Eisen- und Stahlstreben eingezogen wurden. Kurt Weinrich erledigte diese Aufgabe so hervorragend, dass selbst sein Vorgesetzter, mit dem er zwischenzeitlich in Streit geraten war, nur in den höchsten Tönen von dieser Leistung sprach. Weinrich war auf der Baustelle eine Respektsperson, was sich auch darin äußerte, dass eine Sekretärin, die in Hilpoltstein wohnende ledige 25 Jahre alte Doris Salzer, ihm persönlich die Geschäftspost in sein provisorisches Büro brachte. Später wird Kurt Weinrich aussagen, dass er bei dieser Frau keine Annäherungsversuche unternommen, sie ihm allerdings eindeutige Angebote gemacht hatte. Die erste Einladung von Doris Salzer zum gemeinsamen Abendessen lehnte er denn auch ab. Beim zweiten Mal aber ging der Polier mit und blieb über Nacht. Kurt Weinrich wusste nicht so recht, welche Rolle er für die junge Frau spielte. Obwohl er zeitweise zu seiner Geliebten zog und sie ihn zur Scheidung drängte, wollte er in jedem Fall an seiner Familie festhalten. Zwei Jahre lang dauerte das Verhältnis der beiden. An dieser Verbindung änderte auch die Tatsache nichts, dass der Polier leicht in Rage geriet und schnell grob wurde. Aus den später gefundenen Tagebuchaufzeichnungen der Frau ging hervor, dass Kurt Weinrich sie zweimal mit Gewalt zum Geschlechtsverkehr gezwungen hatte. Aber Doris Salzer war immer wieder bereit, sich mit dem Zweizentnermann zu treffen. Ihrer Gefühle war sie sich jedoch nicht immer sicher, wie ein unbeholfener Zweizeiler in ihrem Tagebuch deutlich machte: »Ich hab dich geliebt und im Herzen getragen, jetzt liegst' mir im Magen.«

Die Ehefrau des Poliers, die von der Affäre ihres Mannes durchaus erfahren hatte, war nicht erbaut über die komplizierte Situation. Doch nach einem handgreiflichen Streit mit seiner Geliebten in Hilpoltstein zog Kurt Weinrich bei Doris Salzer aus und fuhr mit seiner Frau und den beiden Kindern in Urlaub. Braungebrannt kehrte er aus Italien nach Bayern zurück. Doris Salzer kümmerte sich nun wieder auffällig um ihn. Sie sorgte für seine Brotzeiten und ließ es auch sonst nicht an kleinen Aufmerksamkeiten fehlen. Kurt Weinrich glaubte aber, dass die Affäre mit der Sekretärin im Innersten abgehakt war. Als er jedoch erfuhr, dass Doris Salzer in seiner Abwesenheit mit einem anderen Polier der Baustelle eine Liaison eingegangen und sogar händchenhaltend am Kanal spazierend gesehen worden war, kränkte es ihn zutiefst. Doris Salzer hatte trotzdem nichts dagegen, als Kurt Weinrich sie am 5. November 1986 nach der Arbeit zum Abendessen abholte. Der Polier hatte schon am Nachmittag begonnen, ein Gemisch aus Cola und Kognak zu trinken, das übliche Getränk auf der Baustelle bei Besprechungen und in der Kantine. Daher war Kurt Weinrich am Abend nicht mehr nüchtern, die junge Frau bemerkte dies sofort und machte ihm Vorhaltungen. Darauf entgegnete der Polier, dass auch sein Nebenbuhler »säuft«. Vollends in Wut geriet er, als er im Tagebuch seiner Freundin, einem Geschenk von ihm, einen Eintrag entdeckte, aus dem hervorging, dass Doris Salzer noch nicht mit seinem Rivalen gebrochen hatte. Wie ein Rasender fiel der stämmige Mann über Doris Salzer her und richtete sie furchtbar zu. Der Polier schlug seine Freundin auf Gesicht und Körper, versetzte ihr Fußtritte und Schläge mit den Schuhen, riss ihr die Kleider vom Leib und büschelweise Haare aus. Als die malträtierte Frau mit schweren Verletzungen am Boden liegen blieb, stürzte er sich auf sie und erwürgte sie mit bloßen Händen. Nachdem er wieder zur Besinnung gekommen war, rief Kurt Weinrich selbst die Polizei und den Rettungsdienst.

Knapp anderthalb Jahre nach dieser schrecklichen Tat im April 1988 musste sich Kurt Weinrich vor der Schwurgerichtskammer des Landgerichts Nürnberg-Fürth verantworten. Die Staatsanwaltschaft hatte ihn wegen Mordes angeklagt und ihm vorgeworfen, aus rasender Eifersucht, aus verachtenswerten Motiven und aus gefühlloser unbarmherziger Gesinnung seinem Opfer besondere Schmerzen und Qualen zugefügt zu haben. Das Gericht verurteilte Weinrich schließlich wegen einem aus »hemmungsloser Eifersucht« begangenen Mord zu zwölf Jahren Freiheitsentzug. Es hob in der Urteilsbegründung vor allem die »verabscheuungswürdige Brutalität« der Tat hervor.

»Das Verbrechen übersteigt den Begriff der Bestialität«, betonte der Richter. Die Leiche sei als Mensch nicht mehr zu erkennen gewesen, so war eine Gesichtshälfte völlig entstellt. Aufgrund verminderter Schuldfähigkeit, einer leichten hirnorganischen Schädigung, eines erhöhten Blutalkoholwerts und seiner Eifersucht war Kurt Weinrich »dem Lebenslänglich« entgangen.

Ende einer Studentenliebe

Im Jahre 1981 lernte die 23-jährige aus einem Dorf bei Volkach stammende Iris Wendlinger im Studentenwohnheim an der Dutzendteichstraße in Nürnberg den 24 Jahre alten Walter Koschinski kennen. Die ruhige, gewissenhafte und in sich gekehrte Iris Wendlinger studierte an der Universität Erlangen-Nürnberg Pädagogik. Der als sensibel aber auch geltungsbedürftig charakterisierte, von seinen Kommilitonen »Bobby« genannte Walter Koschinski war Student der Elektronik. Iris Wendlinger ahnte nicht, dass ihr Bekannter wegen eines schweren Vergehens bereits vorbestraft war. 1979 attackierte der damals knapp 22-Jährige seine Freundin Claudia, weil sie sich von ihm abgewandt hatte. Unmittelbar nach bestandenem Fachabitur war er nach Frankfurt geflogen, wo seine erste große Liebe wohnte. Claudia trennte sich allerdings bald von ihm. Als alle Versuche, sie umzustimmen, scheiterten, brachten verletzter Stolz, Enttäuschung und Wut Walter Koschinski so weit, dass er der ahnungslosen jungen Frau blitzschnell ein Wurfmesser in den Rücken rammte und sie mehrmals mit einem mitgeführten Hammer, den er in einer Plastiktüte versteckt hatte, auf den Kopf schlug. Claudia überlebte den Angriff schwer verletzt, und Walter Koschinski wurde wegen gefährlicher Körperverletzung zu zweieinhalb Jahren Jugendstrafe verurteilt, von denen er aber nur 15 Monate absitzen musste. Wiederholungsgefahr sei ausgeschlossen, meinte damals der Jugendpsychiater.

Aus einer anfänglich nur losen Bekanntschaft entwickelte sich zwischen Iris Wendlinger und Walter Koschinski schließlich eine ernst zu nehmende Liebe. Ende 1983 wurde die junge Frau schwanger. Die beiden diskutierten die Perspektiven, wägten die finanzielle Seite ab und überlegten, was aus ihren Studien werden sollte. Schließlich ging Iris Wendlinger zu der Schwangerenberatungsstelle »Pro Familia«, wo ihr zu einem Eingriff geraten wurde. In der zehnten Schwangerschaftswoche trieb sie dann bei einem jugoslawischen Arzt ab. Nach einer ersten Phase der Entspannung bekam Iris Wendlinger im März 1984 jedoch Depressionen aufgrund des Geschehens und machte ihrem Freund heftige Vorwürfe. »Du hättest es nicht zulassen dürfen«, klagte sie.

»Es war deine Entscheidung«, gab Koschinski nur zurück. In dieser Zeit kühlte das Verhältnis zwischen dem jungen Paar merklich ab. Walter Koschinski arbeitete nebenbei als Tankwart, führte eine Studentenkneipe, gab eine Schachzeitschrift heraus und spielte im Verein Schach. Für das Studium blieb nicht mehr allzu viel Zeit übrig. Zudem sprach er in zunehmendem Maße dem Alkohol zu, was seiner seelisch angeschlagenen Freundin gar nicht recht war. Immer wieder gab es deshalb Streit, bei dem der junge Mann auch handgreiflich wurde.

Am Montag, dem 24. September 1984, beschäftigte sich die angehende Biologielehrerin Iris Wendlinger in ihrem Zimmer mit einer Milbe, die sie unter dem Mikroskop untersuchte. Koschinski vernachlässigte stattdessen seine Arbeit, trank schon früh zwei Schoppen Wein, ging dann in ein Lokal, in dem er zwei Weizenbiere zu sich nahm, und lud seine Freundin schließlich am Nachmittag in sein Zimmer zum Kaffee ein. Schnell artete das gemeinsame Treffen in einen heftigen Streit aus, als Iris Wendlinger auf die Abtreibung, seinen Alkoholkonsum und seine Studienleistung zu sprechen kam. Das Paar saß auf dem Bett, als Walter Koschinski aus dem in unmittelbarer Nähe stehenden Nachtkästchen ein Wurfmesser nahm, ohne dass die neben ihm sitzende Frau es bemerkte. Er stieß seiner Freundin das Messer in die linke Körperseite und insgesamt siebenmal in Brust, Unterleib und Rücken. Nach der scheußlichen Tat verließ Walter Koschinski das Zimmer, kehrte aber noch einmal zurück, um seine blutige Hose zu wechseln. Sein am Boden liegendes Opfer beachtete er dabei nicht weiter. Zwei Stunden später besuchte er einen afrikanischen Kommilitonen und fragte ihn, ob er mit ihm mit dem Auto von Iris Wendlinger nach Paris fahren wolle. Die Tour scheiterte jedoch am fehlenden Geld. Zwei Tage später verwirrte Walter Koschinski seinen ahnungslosen Freund mit den Bemerkungen: »Ich kann dich jetzt 20 Jahre lang nicht besuchen«, und, »Gott verzeiht mir nicht.« Dann lieh er sich eine Bibel und las darin die Bergpredigt. Koschinski trieb sich insgesamt vier Tage herum und streute das Gerücht, Iris Wendlinger habe ihn verlassen. Am 28. September stellte er sich der Polizei, zeigte ein Bild seiner Freundin und erklärte: »Sie lebt nicht mehr, aber es war kein Mord.«

Am Montag, dem 13. Januar 1986, begann vor der Schwurgerichtskammer des Landgerichts Nürnberg-Fürth der Prozess gegen den nun 28 Jahre alten Studenten der Elektrotechnik. Die Anklage lautete auf Mord. Nach den Erkenntnissen der Staatsanwaltschaft hatte der Angeklagte am 24. September 1984 seine 26 Jahre alte Freundin im Studentenwohnheim mit einem Wurfmesser attackiert. Die junge Frau war an inneren Blutungen und einer Lungenembolie verstorben. Der Ankläger argumentierte, dass das Opfer arg- und wehrlos gewesen war, als der Freund zustach, sodass die Mordqualifikation »Heimtücke« erfüllt sei. Der Angeklagte wirkte zu Prozessbeginn sichtlich nervös und unsicher. Seine Aussage zur Sache bekräftigte er mit weit ausholenden Gesten und Handkantenschlägen auf den Tisch. Obwohl er bei seiner ersten Vernehmung bei der Polizei, die auf Tonband aufgenommen worden war, den Tatablauf so schilderte, dass er seine ahnungslose Freundin im Sitzen angegriffen habe, wobei er sein Vorgehen sogar entsprechend demonstrierte, brachte er vor Gericht eine ganz andere Version vor. Ursprünglich hätten sie zwar nebeneinander auf dem Bett gesessen, dann aber sei er plötzlich aufgestanden und zum Schrank gegangen, aus dem er das Wurfmesser herausnahm. Iris Wendlinger kam auf ihn zu, fasste ihn am Hals, »und dann habe er die Tat gar nicht mitgekriegt«. Er habe »Blut herauskommen« sehen und dann das Zimmer verlassen. Die geschickte Steuerung durch den Verteidiger war unschwer zu erkennen, der Rechtsanwalt wollte wohl die Mordqualifikation »Heimtücke« entkräften und eine Tötung im Affekt erwirken. Aber der Obduzent vom rechtsmedizinischen Institut in Erlangen hielt es unter Berücksichtigung der am Tatort und der Bekleidung des Opfers festgestellten Blutspuren für wahrscheinlich, dass die Stiche im Sitzen beigebracht wurden und die Leiche nicht bewegt wurde.

Im Laufe der Verhandlung trug der Psychiater Dr. Hans Günther Koslowsky aus Ansbach sein Gutachten vor, das auf der zweiten Tatschilderung basierte. Er meinte, der affektlabile Mann habe das Unrecht seiner Tat einsehen können, sei in seiner Steuerungsfähigkeit jedoch außer Kontrolle geraten. Deshalb wäre eine verminderte Schuldfähigkeit nicht auszuschließen. Der Angeklagte habe vieles verdrängt, trotzdem seien ihm aber Erinnerungslücken nachzuweisen.

»Trifft das auch zu, wenn das erste Geständnis stimmt?«, wollten die Richter wissen. Der Gutachter bejahte zögernd. Der Gerichtsvorsitzende kündigte daraufhin an, einen zweiten Sachverständigen zu befragen. Dieser, der Erlanger Professor Baer, hielt den Angeklagten für voll schuldfähig. Sein Ansbacher Kollege hatte zwar bei der Affekttat eine tiefgreifende Bewusstseinsstörung zumindest nicht ausgeschlossen, er belegte jedoch mit Zitaten aus der rechtsmedizinischen Literatur, dass die dort geforderten Kriterien für eine schuldmindernde tiefe Bewusstseinsstörung im konkreten Fall nicht vorlagen. In Kenntnis der Vorgeschichte des Angeklagten sträubte sich das Gericht, die neuerliche Tat als »Kurzschlusshandlung bei einem Streit« anzusehen. Trotzdem sah es sich nicht in der Lage, den Angeklagten wegen Mordes zu verurteilen. Die Schwurgerichtskammer beim Landgericht Nürnberg-Fürth verurteilte Walter Koschinski schließlich wegen eines Verbrechens des Totschlags zu 14 Jahren Freiheitsentzug.

Der Verteidiger legte gegen diesen Urteilsspruch Revision beim Bundesgerichtshof ein, der von dort auch stattgegeben wurde. Die 7. Große Strafkammer beim Landgericht Nürnberg-Fürth musste sich deshalb im März 1987 abermals mit dem Fall befassen. Der Verteidiger monierte zunächst die Arbeit der ärztlichen Sachverständigen und wandte sich gegen die Einlassung des Staatsanwalts, der durch wiederholte Vorhaltungen den Angeklagten doch ohnehin schon enorm verunsichert hätte. Am Tattag habe jedes Wort der Kritik auf seinen Mandanten wie ein neuerlicher Schlag in eine bereits heftig schmerzende Wunde gewirkt. Bei dem ungeheuren Gefühls- und Affektstau am fraglichen Tag hätte er dann die Nerven verloren. »Ich habe Iris mehr geliebt als alles andere auf der Welt«, sagte Koschinski in seinem Schlusswort.

Das Gericht verurteilte den Angeklagten schließlich wegen Totschlags zu neun Jahren Freiheitsstrafe. Der vorsitzende Richter brachte in der Urteilsbegründung die Problematik des Falles auf die Formel: »Sie konnten nicht miteinander, aber sie konnten auch nicht voneinander lassen.« Das Studentenpärchen lieferte den Beweis dafür, dass sich zwei Menschen lieben und zugleich bis zum Unerträglichen quälen können. Unausgesprochen wurde dadurch eine gewisse Mitschuld des Opfers in die Beurteilung mit einbezogen. Walter Koschinski habe an dem verhängnisvollen Tag die kritischen Äußerungen seiner

Freundin nicht mehr hören können. Außerdem konnte sie ihm nicht verzeihen, dass er sie praktisch allein gelassen hatte, als sie von ihm schwanger war und abtreiben ließ. Als Walter Koschinski sich am 24. September 1984 abermals die Vorhaltungen anhören musste, habe er die Kontrolle verloren, das Wurfmesser aus dem Nachtkästchen geholt und siebenmal auf die neben ihm sitzende Freundin eingestochen, so das Gericht in der Begründung des Urteils. Die Strafkammer sei zwar nicht von verminderter Zurechnungsfähigkeit ausgegangen, sie habe aber andererseits nicht übersehen, dass der Angeklagte hochgradig erregt war, als er zur Waffe griff. Auch die beiden medizinischen Gutachter hätten dem Gericht keine klare Hilfestellung bei der Einschätzung geben können, denn sie waren zu unterschiedlichen Ergebnissen über Walter Koschinskis Zurechnungsfähigkeit zur Tatzeit gekommen.

Dass Walter Koschinski auf seine neben ihm sitzende »arg- und wehrlose« Freundin eingestochen hatte, was eigentlich die Mordqualifikation »Heimtücke« erfüllte, kam im zweiten Prozess nicht mehr zur Sprache. Schon im ersten Prozess 1979 in Frankfurt, bei dem sich Walter Koschinski verantworten musste, weil er seine erste Liebe mit einem Wurfmesser niedergestochen und mit einem Hammer traktiert hatte, stellte ein Jugendpsychiater die falsche Prognose, dass »eine Wiederholungsgefahr ausgeschlossen« sei. Im Falle der Tötung von Iris Wendlinger in Nürnberg waren es wieder Psychiater, die durch ihre unterschiedlichen Einschätzungen dem Angeklagten indirekt dazu verhalfen, für seine verabscheuungswürdige Tat mit einer relativ milden Strafe davonzukommen.

Außerehelicher Vaterschaftskonflikt

Der Geschäftsmann Georg Dürnhofer bewohnte mit seiner Frau in Schönstadt bei Coburg einen Bauernhof. Das idyllisch gelegene Haus am Fuße eines Stausees an der Ilg diente ihm als Rückzugsmöglichkeit. Dürnhofer war als selbständiger Bausanierer fast immer auswärts unterwegs, seine Ehefrau betrieb in der nahen Kreisstadt Coburg einen Blumenladen. Trotz zahlreicher Seitensprünge des konfliktscheuen Ehemanns kam es nicht zur Trennung. Die dominante Ehefrau war für alle Entscheidungen zuständig und schilderte sich selbst einmal so: »Ich war Mutter, Ehefrau, Kind und Psychotherapeutin meines Mannes.«

Im Blumenladen von Frau Dürnhofer arbeitete auch Carola Rössner aus einem kleinen Dorf im Landkreis Coburg. Bereits ab 1988 kam es zwischen dem 37 Jahre alten Dürnhofer und der 23-jährigen Carola Rössner zu einem intimen Verhältnis, das zehn Jahre andauerte. Die junge Frau war eigentlich nicht sein Typ, sagte Dürnhofer später, sie hatte eine komische Figur und war ihm zu dünn. Er habe bei ihr »nur etwas zum Dampf ablassen« gesucht, es ging ihm dabei nur um Sex. Das Verhältnis mündete allerdings in einer Katastrophe, als Dürnhofer im Winter 1998 erfuhr, dass seine Freundin von ihm ein Kind erwartete. Er drängte sie vergebens zur Abtreibung, die Regelung der auf ihn zukommenden Unterhaltszahlungen überließ er seiner Ehefrau.

Das Kind, ein Junge, kam am 10. September 1998 zur Welt. Seinem Vater, zwischenzeitlich 47 Jahre alt, war der ungewollte Nachwuchs ein Dorn im Auge. 16 Tage nach Andrés Geburt fuhr Dürnhofer nach einem Kneipenbesuch mit seinem Auto zur Wohnung seiner Geliebten und drang gewaltsam ein. Dort sah er erstmals das gemeinsame Kind. Es kam zu einem heftigen Wortgefecht, weil sich Carola Rössner weigerte, über die Vaterschaft zu diskutieren. Georg Dürnhofer geriet immer mehr in Wut. Mit mehreren Faustschlägen streckte er die Frau zu Boden und riss ihr büschelweise Haare aus. Sie sollte eine Erklärung unterschreiben, dass er nicht der Vater des Kindes sei. Eingeschüchtert durch die Gewalt, schrieb Carola Rössner schließlich, sie halte die ständigen Lügen über die Vaterschaft ihres Kindes nicht mehr aus und werde sich demnächst melden. Dürnhofer indes wollte das Treffen in seinem 20 Kilometer entfernten Anwesen fortsetzen. Er zwang die nur mit einem Schlafanzug bekleidete Frau, ihm mit dem Baby in der Tragetasche zu seinem Auto zu folgen. Als die Frau sich weigerte, in den Kofferraum zu steigen, schlug er ihr ein Brecheisen über den Kopf. Einer der Schläge traf dabei eher zufällig das Kleinstkind. Mit der bewusstlosen Frau und dem Kind im Kofferraum fuhr Dürnhofer zu seinem Anwesen. Dort sperrte er die beiden in einen fensterlosen ehemaligen Rübenkeller, dessen Tür sich nur von außen öffnen ließ. Am Mittag des darauffolgenden Tages wurde Carola Rössner von ihren Eltern bei der Polizei als vermisst gemeldet. Nur wenige Stunden später fragte die Polizei bei Georg Dürnhofer nach dem Verbleib der Frau, schöpfte jedoch zunächst keinen Verdacht. Der Besuch der Beamten versetzte Dürnhofer offenbar in Angst und Schrecken, erneut ging er in den Keller, knebelte die schwer verletzte Frau mit einem Klebeband, stülpte ihr eine Plastiktüte über den Kopf und fesselte ihr beide Hände auf den Rücken. 36 Stunden lang ließ er die junge Mutter und ihr Kind ohne Nahrung und Flüssigkeit in dem finsteren Raum. Aus Angst, seine Geliebte könnte ihn anzeigen und als Kindsvater zur Unterhaltszahlung belangen, entschloss sich Georg Dürnhofer schließlich,

Carola Rössner zu töten und ihre Leiche zu beseitigen. Er ging abermals in den Keller, legte der Frau von hinten unvermittelt die Schlinge eines Seiles um den Hals und zog zu. Als sich sein Opfer noch einmal bewegte, schlug er ihm mit einem Hammer den Schädel ein. Die Leiche versteckte er unter einem Haufen Unrat. Schließlich fiel sein Blick auf das regungslos in seiner Tragetasche liegende Baby. Er schlug den Kopf des Säuglings mehrfach gegen die Wand und versteckte auch diese Leiche.

Wenige Tage später fand die Polizei die beiden Toten und nahm Georg Dürnhofer fest. Kurz nach seiner Festnahme gestand der Mann die Bluttat. Am Dienstag, dem 9. März 1999, begann vor der Schwurgerichtskammer des Landgerichts Coburg der Prozess gegen Georg Dürnhofer. Die Anklage ging davon aus, dass der Geschäftsmann seine 33 Jahre alte langjährige Geliebte und deren Säugling aus Angst vor Unterhaltszahlungen vorsätzlich getötet hatte. »Er weiß, dass er schwere Schuld auf sich geladen hat«, ließ der Angeklagte seinen Anwalt zum Vorwurf des Mordes erklären, doch Heimtücke und Habgier seien nicht im Spiel gewesen. »Geprägt von der Unfähigkeit, richtig zu handeln«, und provoziert von ihrem Lachen, habe Dürnhofer seine 33-jährige Freundin erdrosselt und erschlagen. Den Tod des kleinen Jungen stellte er als Unfall dar, das Baby sei während der Auseinandersetzung aus seiner Tragetasche gefallen.

»Das ist ein Traumtänzer, wie er im Buche steht«, raunte es durch den Schwurgerichtssaal, als der Angeklagte aus seiner Sicht über den gewaltsamen Tod seiner Geliebten und des gemeinsamen nur 17 Tage alten Babys sprach. Als es um sein Verhältnis zu der 14 Jahre jüngeren Geliebten ging, meinte Dürnhofer, dass er das Fremdgehen als ganz normal empfinde. »Das macht doch jeder hier im Saal«, sagte er in die voll besetzten Zuschauerbänke. Dabei stufte er das Sexualleben mit seiner Ehefrau als »hervorragend« ein.

Am Freitag, dem 26. März 1999, verkündete der vorsitzende Richter der Schwurgerichtskammer beim Landgericht Coburg das Urteil gegen Georg Dürnhofer: »Der Angeklagte wird wegen Doppelmordes zu einer lebenslangen Freiheitsstrafe verurteilt. Das Gericht erkennt eine besondere Schwere der Schuld.« Dies bedeutet, dass der Verurteilte nicht damit rechnen kann, dass nach 15 Jahren automatisch über eine Freilassung auf Bewährung entschieden wird, sondern dass erst sehr viel später die Strafvollstreckungskammer beim Landgericht eine derartige Prüfung vornehmen kann.

In seiner Begründung führte der Richter aus, dass Dürnhofer sich nicht seiner Unterhaltspflicht entziehen wollte, sondern dass es ihm nur darum ging, seine Straftaten zu verdecken. »Nicht fähig oder nicht willens, den Weg in das Recht zurückzugehen«, habe sich der Angeklagte entschlossen, seine Geliebte umzubringen, nachdem er sie vorher schon massiv geschlagen, der Freiheit beraubt und 36 Stunden ohne Nahrung und Flüssigkeit mit dem verletzten Baby im finsteren Kellerloch eingesperrt hatte. Sein Sohn sei ihm dabei völlig gleichgültig gewesen. Es sei ihm nur darum gegangen, auch ihn zu beseitigen, um sein vorheriges Verhalten zu verdecken.

Erwürgt und verstümmelt

In der Nacht zum 3. September 1985 um 2.15 Uhr drang aus einer Wohnung im ersten Stock in der Gerhart-Hauptmann-Straße in Erlangen-Bruck ungewöhnlicher Lärm. Der

Lärm war so laut, dass der im Parterre wohnende Andreas Gruber davon wach wurde. Verärgert über die nächtliche Ruhestörung, wollte Gruber die Quelle ausfindig machen. Er stieg deshalb über die ebenerdige Balkonbrüstung seiner Wohnung, lief um die Grünfläche herum und schaute aus 16 Metern Entfernung auf das Haus. Ihm fiel auf, dass in der Küche seiner Nachbarin im ersten Stock das Licht anging. Die Silhouette eines Mannes war zu erkennen, der aus dem Küchenschrank einen Gegenstand nahm und damit wieder ins Schlafzimmer ging. Andreas Gruber ging in seine Wohnung zurück und legte sich wieder hin, nachdem der Lärm von oben aufgehört hatte.

Als am nächsten Tag die Bewohnerin der betreffenden Wohnung, die 21 Jahre alte, ledige Chemielaborantin Gerlinde Eusebius, nicht an ihrem Arbeitsplatz an der Universität Erlangen-Nürnberg erschien und Nachforschungen keine Anhaltspunkte für das unentschuldigte Fernbleiben erbrachten, wurde die Polizei verständigt. Die Beamten ließen die Wohnungstür öffnen und machten eine schreckliche Entdeckung. Die Wohnungsinhaberin lag tot in einer Blutlache auf dem Boden im Schlafzimmer. Ihr Leib war von unten bis oben aufgeschlitzt. Kriminalpolizei und Gerichtsmediziner wurden verständigt. Bei der Tatortarbeit fanden die Fachleute an der Leiche Haare, die nicht vom Opfer stammten. In der Toilettenschüssel sicherten sie Urinreste, die von einem Menschen mit der äußerst seltenen Blutgruppe AB stammen mussten.

Da sich in diesem Mordfall kein Anfangsverdacht auf einen bestimmten Tatverdächtigen richtete, versuchten die ermittelnden Kriminalbeamten, mögliche Täter-Opfer-Beziehungen zu erforschen, und begannen mit der Zeugenbefragung. Das Opfer wurde übereinstimmend als tüchtige, beruflich außerordentlich erfolgreiche, junge Frau geschildert. Ihre Leistungen als Chemielaborantin waren so hervorragend, dass der Institutsleiter sie für eine höhere als ihr eigentlich zustehende Gehaltsstufe vorgeschlagen hatte. Ihr Verhältnis zu Männern wurde als ganz normal geschildert, sie hatte Freundschaften gepflegt wie jede andere Frau auch. Es zeichnete sich ab, dass Gerlinde Eusebius nicht nur eine hervorragende Fachkraft an der Universität war, sondern auch einen Bekannten- und Freundeskreis hatte, aus dessen Reihen der Täter schwerlich kommen konnte. Vorwiegend waren es Studentinnen und Studenten, die auch beruflich auf die fachliche Hilfe der Chemielaborantin angewiesen waren. Übereinstimmend wurde die junge Frau als herzlich und hilfsbereit dargestellt. Keiner der männlichen Zeugen gab an, jemals ein sexuelles Abenteuer mit ihr versucht zu haben, das kameradschaftliche Moment überwog. Allerdings kam auch heraus, dass Gerlinde Eusebius vor geraumer Zeit über eine Freundin Verbindung zu einer Clique aufgenommen hatte, in der häufig unmäßig getrunken und dann in ordinärer Weise ausschließlich über Sex gesprochen wurde. In dieser Clique bewegte sich auch der ledige, 25-jährige Gelegenheitsarbeiter Heinrich Bindorfer, der als gewalttätig, brutal und aggressiv geschildert wurde und sich als großer Frauenheld gab. Der Gelegenheitsarbeiter wurde als ein Mann dargestellt, der die Neigung hatte, bei Frauen stets nur oberflächliche sexuelle Abenteuer zu suchen und dann mit diesen zu prahlen. Gerlindes Zugehörigkeit zu dieser Gruppe erfüllte ihre Freundinnen mit Sorge. Die junge Frau hatte in der Bekanntschaft mit Heinrich Bindorfer jedoch nur eine flüchtige Freundschaft gesehen, die ihr, wie sie ihren Freundinnen anvertraute, sogar lästig wurde, weil er sie angeblich auch in der Nacht anrief und um gemeinsame Treffen bat.

Heinrich Bindorfer wurde von der Kriminalpolizei als Zeuge vernommen. Zunächst erklärte er, zwar mit der Getöteten locker befreundet gewesen zu sein, sie jedoch seit drei Monaten nicht mehr gesehen zu haben. Später reduzierte er diese Zeitangabe auf sechs Wochen. Bei seiner dritten Vernehmung durch Kriminalbeamte gab er schließlich zu, dass er Gerlinde Eusebius in der Mordnacht in ihrer Wohnung aufgesucht hatte. Nach seiner Darstellung war er nach einem Kirchweihbesuch zu ihr gegangen und auch anstandslos eingelassen worden. Trotz dieses vermeintlichen Entgegenkommens hatte sie sich aber geweigert, mit ihm zu schlafen. Daraufhin verließ er sie enttäuscht und verärgert. Gerlinde Eusebius lebte zu diesem Zeitpunkt noch, und mit der Tötung habe er nichts zu tun, gab Heinrich Bindorfer zu Protokoll. Als die Fachleute der Polizei feststellten, dass die an der Leiche gefundenen Haare von Bindorfer stammten und er die Blutgruppe AB hatte, war der Tatverdacht so gravierend, dass der Ermittlungsrichter Haftbefehl erließ. Die DNA-Analyse, der sogenannte genetische Fingerabdruck, war damals noch nicht gerichtsverwertbar entwickelt.

Als der Tatverdächtige schon eine Woche in Untersuchungshaft saß, ging bei der Kriminalpolizei ein interessanter Hinweis ein. Am Tag vor dem Mord hatte Heinrich Bindorfer mit einem Kollegen ein Erlanger Lokal gesäubert und dabei angekündigt, dass er eine Frau in der Gerhart-Hauptmann-Straße aufsuchen und sie notfalls umbringen werde, »wenn sie ihn nicht lässt«. Vor einer denkbaren Gefängnisstrafe schrecke er nicht zurück. Diesen Ausspruch hatte auch der Wirt gehört, der Arbeitskollege von Bindorfer tat das Gesagte jedoch als harmlos ab. Keiner der beiden Männer hätte sich vorstellen können, dass hinter den rüden Worten mehr als eine leere Drohung stecken könnte. Der Wirt, der gleich darauf in Urlaub fuhr und eine Woche später zurückkehrte, hatte sich auch noch nichts dabei gedacht, als er von dem Verbrechen in der Gerhart-Hauptmann-Straße erfuhr. Er hatte lediglich am Stammtisch von seiner Wahrnehmung erzählt. Ein anderer Gast hielt diese Mitteilung jedoch für bedeutsam und ging zur Polizei.

Am 15. September 1987, fast genau zwei Jahre nach der grauenhaften Bluttat, kam es vor der Schwurgerichtskammer des Landgerichts Nürnberg-Fürth wegen des bestialischen Mordes an der 21-jährigen Chemielaborantin Gerlinde Eusebius zum Prozess gegen den gelernten Bäcker und Gelegenheitsarbeiter Heinrich Bindorfer. Der Angeklagte wurde beschuldigt, seine Bekannte zunächst gewürgt und ihr danach mit einem Küchenmesser den Leib aufgeschlitzt zu haben. Der Schwurgerichtskammer stand ein Indizienprozess ins Haus, da der Angeklagte, der von zwei Verteidigern vertreten wurde, keinerlei Aussagen machte. 80 Zeugen waren zu der für mehrere Tage angesetzten Verhandlung geladen. Am ersten Tag der Hauptverhandlung drehte sich die Frage vornehmlich um das Problem, wer außer dem Angeklagten der späte Besucher und Mörder hätte sein können. Aber es fand sich wie bereits bei den umfangreichen Ermittlungen kein Anhaltspunkt für einen anderen Tathergang.

Heinrich Bindorfer war bei der Befragung zu seiner Person nicht einmal bereit, Angaben über seine Eltern zu machen. »Wollen Sie gar nichts mehr sagen?«, fragte der vorsitzende Richter.

»So sieht's aus«, antwortete der Angeklagte mit unbewegter Miene. An diesen Vorsatz hielt sich Heinrich Bindorfer auch im weiteren Verlauf des Prozesses. Mit seiner Haltung brachte der Angeklagte allerdings nicht die

Schwurgerichtskammer oder den Staatsanwalt, sondern seine Verteidiger zur Verzweiflung. Beide Verteidiger legten schließlich ihr Mandat als Wahlverteidiger nieder. Der vorsitzende Richter benannte daraufhin einen der beiden Rechtsanwälte als Pflichtverteidiger. Eine lebenslange Freiheitsstrafe wegen Mordes forderte schließlich der Ankläger am Ende des Prozesses. Der Angeklagte habe, so der Staatsanwalt, als er von Gerlinde Eusebius abgewiesen wurde, sie in einer Aufwallung von Enttäuschung und Wut getötet und dann verstümmelt, um einen Sexualmord vorzutäuschen und vom Bekanntenkreis des Opfers abzulenken, zu dem auch er gehörte.

Der Verteidiger plädierte auf Freispruch, notfalls aber für eine angemessene Strafe wegen Körperverletzung mit Todesfolge. Zum Schlusswort brach Heinrich Bindorfer sein Schweigen: »Herr Vorsitzender, ich habe niemanden umgebracht, ich bin unschuldig.«

Zu lebenslänglicher Freiheitsstrafe wegen Mordes verurteilte die Schwurgerichtskammer des Landgerichts Nürnberg-Fürth schließlich Heinrich Bindorfer. Das Gericht hatte, so der vorsitzende Richter, auch nicht den »Schatten eines Zweifels«, dass der Angeklagte in der Nacht zum 3. September 1985 die Chemielaborantin Gerlinde Eusebius in ihrer Wohnung getötet und anschließend verstümmelt hatte. Als der vorsitzende Richter das schreckliche Geschehen rekonstruierte, stand der Angeklagte auf einmal auf, drehte dem Gericht den Rücken zu und machte Anstalten, den zum Gefängnis führenden Aufzug zu betreten. Dazu sagte er laut: »Ich höre mir die Scheiße nicht an.«

Er tat es dann aber doch, nachdem er vom Gericht zurechtgewiesen wurde. Keiner der bereitstehenden Justizwachtmeister musste dazu eingreifen. Der vorsitzende

Richter verwies in seiner Urteilsbegründung auf die lückenlose Beweiskette, in der sich der Angeklagte verfangen hatte, und auf seine verräterischen und nicht immer überlegten Reaktionen und Äußerungen vor Freunden und der Polizei. Große Bedeutung maß das Gericht den naturwissenschaftlich gesicherten, objektiven Beweisen zu.

Eine verhängnisvolle Schülerin-Lehrer-Liebe

Dr. Ewald Dogelmann unterrichtete 1974, 27-jährig, als Lehrer an einer privaten Handelsschule in Nürnberg. Eine seiner Schülerinnen war die 15-jährige, aus einem reichen Elternhaus stammende Erika Strauchler. Der Teenager himmelte seinen Lehrer an, und so kam es, dass sich der Pädagoge auf ein Verhältnis einließ. Als das Mädchen 16 Jahre alt war, wurden die beiden bereits intim miteinander. Dr. Dogelmann versuchte in der Folgezeit, seine reiche Freundin mittels seiner geistigen Überlegenheit in seinem Sinne zu formen und zu pflegen. Erika Strauchler fühlte sich daher bald eingeengt und wollte das Verhältnis beenden. Aber der Lehrer drohte mit Selbstmord und erreichte schließlich, dass sie ihm 19-jährig im April 1978 das Jawort gab. Dr. Dogelmann, der zwischenzeitlich zum Personalberater eines Großunternehmens aufgestiegen war, und seine Frau bezogen einen von ihrer Familie finanzierten Bungalow in Schwanstetten. Jedoch litt die junge Frau zunehmend unter der Egozentrik ihres Mannes, was sie mehrfach vor Freunden beklagte. Das Verhältnis zwischen den Eheleuten wurde schließlich für die junge Frau so unerträglich, dass sie dreieinhalb Jahre nach der Eheschließung im Oktober 1981 alle Brücken hinter sich abbrach und zu einem Freund nach München zog.

Am 24. Oktober 1981 kam Erika Strauchler-Dogelmann in Begleitung ihres Münchner Freundes, eines Rechtsanwalts, zur letzten Aussprache nach Schwanstetten. Dr. Dogelmann bestand auf einem Gespräch unter vier Augen, weshalb der Begleiter seiner Frau draußen vor dem Bungalow im Auto wartete. Nach etwa 25 Minuten hörte der junge Mann Hilferufe, daher eilte er zum Haus und trat die verglaste Terrassentür ein. Dort fand er die junge Frau blutend am Boden des Wohnzimmers neben dem Kachelofen liegen. Dr. Dogelmann hatte ihr mit vier fast aufgesetzten Schüssen aus seiner Pistole in Hals und Brust geschossen. Ohne sich um die Schwerverletzte zu kümmern, stand er nun wie unbeteiligt im Zimmer. Erika Strauchler-Dogelmann verstarb noch am Tatort, Dr. Dogelmann wurde von der kurz darauf eintreffenden Polizei festgenommen.

Zwei Jahre später, im Oktober 1983, stand Dr. Ewald Dogelmann erstmals vor der Schwurgerichtskammer des Landgerichts Nürnberg-Fürth. Die Anklage lautete auf Mord aus Heimtücke und niedrigen Beweggründen. Der Prozess scheiterte aber, weil sich der frühere Personalberater derart eingehend selbst analysierte, dass der Terminplan nicht mehr eingehalten werden konnte. Im Februar 1984 verurteilte das Schwurgericht Nürnberg-Fürth den Angeklagten nach zwölf Verhandlungstagen zu 13 Jahren Freiheitsentzug wegen eines Verbrechens des Totschlags. Die Frage, ob es sich um Mord oder Totschlag handelte, beantworteten die Richter folgendermaßen: Der Angeklagte hatte nicht kalt geplant, sondern sich zu einer Situation hinreißen lassen. Verminderte Schuldfähigkeit, die ein Gutachter nicht ausschließen wollte, verneinte das Gericht aber.

Der Angeklagte hatte vor, während und nach der Tat bewusst, folgerichtig und gezielt gehandelt. Er war auch vom Opfer nicht provoziert worden und hatte der Schwerverletzten nach den Schüssen nicht geholfen. Dr. Dogelmann ließ gegen das Urteil Revision beim Bundesgerichtshof einlegen und errang einen Teilerfolg. Das Ersturteil wurde zwar im Schuldspruch bestätigt, die Karlsruher Richter hoben aber das Strafmaß auf, weil die vom damaligen Gutachter bejahte verminderte Schuldfähigkeit nicht berücksichtigt worden war. Dazu zählte auch eine Provokation des Opfers, wie der Angeklagte behauptete. Die Richter am Bundesgerichtshof meinten, es müsse noch einmal geprüft werden, ob der Angeklagte zur Tatzeit voll verantwortlich oder seine Steuerungsfähigkeit erheblich vermindert war. Dabei hatten die Erstrichter gerade diese Punkte geprüft und verneint sowie eine Provokation des Opfers nicht erkannt.

Nachdem er bereits vier Jahre und drei Monate in Untersuchungshaft gesessen hatte, stand Dr. Ewald Dogelmann ab dem 12. Februar 1986 abermals vor Gericht. Die Schwurgerichtskammer des Landgerichts verhandelte nun zum dritten Mal in gleicher Sache. Nach der Befragung zur Person verlasen die drei Berufsrichter in 140 Minuten abwechselnd die 84 Seiten des Urteils vom 28. Februar 1984, das auf 13 Jahre Freiheitsstrafe lautete. Dr. Dogelmann und sein Anwalt kämpften mit allen Mitteln um eine wesentlich niedrigere Strafe. Der Angeklagte wollte sich zwar zunächst nicht zur Sache äußern, stellte aber bereits am ersten Prozesstag ein halbes Dutzend Beweisanträge. Diese Eingaben sowie die Hinzuziehung neuer Sachverständiger wurden gleich zu Beginn abgelehnt, weil der Bundesgerichtshof keine Einwände gegen die im Ersturteil festgestellten Tatsachen hatte. Der Angeklagte wendete in der Folge alle möglichen Tricks an, so behauptete er, bei der letzten Aussprache im gemeinsamen Haus habe ihm seine zwölf Jahre jüngere Ehefrau mangelnde sexuelle Leistungen vorgeworfen – wohl wissend, dass dies weder bewiesen noch widerlegt werden konnte. Aus diesem Grund und einer kurzen »Bewusstseinstrübung« habe er zu seiner Beretta gegriffen und »aus Versehen« seine Frau getroffen.

Als die Mutter des Opfers bei ihrer Vernehmung ein recht düsteres Bild von ihrem Schwiegersohn zeichnete und aussagte, dass er einmal seine Frau brutal verprügelt hatte, beantragte der Angeklagte, 36 Zeugen zu laden, die beweisen könnten, dass er seine Frau nie angegriffen habe. Insgesamt stellte Dr. Ewald Dogelmann 77 Beweisanträge: »Der angenommene Tatablauf, unter dem ich verurteilt worden bin, ist wahrscheinlich falsch«, begründete er dieses Vorgehen. 100 Zeugen und ein Dutzend neuer Sachverständiger sollten dies belegen. Die Schwurgerichtskammer machte dem Schauspiel ein Ende, indem sie alle diese Anträge ablehnte und schließlich zu einem Urteil kam: 13 Jahre Freiheitsentzug wegen eines Verbrechens des Totschlags. Sehr ausführlich gingen die Richter noch einmal darauf ein, dass auch sie eine verminderte Schuldfähigkeit nicht sehen konnten und eine Provokation des Opfers weder beweis- noch widerlegbar sei.

Interessant war in diesem Zusammenhang, dass Dr. Dogelmann zeitgleich beim Zivilgericht um die Hinterlassenschaft seiner Ehefrau stritt. Seine Schwiegermutter hatte ihn auf Erbunwürdigkeit verklagt und in erster Instanz Recht bekommen. Bei diesem Streit ging es um den nach der Bluttat im Jahre 1981 leer stehenden Bungalow in Schwanstetten, um ein Sechsfamilienhaus und um etwa 10 000 Quadratmeter Grund mit dem Streitwert von

500 000 Mark. Im Zivilprozess erklärte Dr. Dogelmann, er wolle sich nicht bereichern am Vermögen seiner »unglücklich zu Tode gekommenen Frau«, er fordere jedoch die Erstattung des Geld- und Arbeitsaufwands, den er in die zwei Häuser hineingesteckt habe. Dazu zählte er ein selbst gemaltes abstraktes Bild im Treppenhaus des Bungalows, dessen Wert er auf 10 000 Mark bezifferte, und den von ihm eingebauten Kachelofen. Insgesamt 25 000 Mark waren ihm als bleibende Wertsteigerung im Zivilverfahren von einem Bausachverständigen zugestanden worden. Dr. Dogelmann, dem Geld, wie er des Öfteren betonte, nichts, aber »der Sinn des Seins« alles bedeute, hatte gegen das Zivilurteil Berufung eingelegt und Antrag auf Prozesskostenhilfe gestellt, denn an »seine eigenen zwei Häuser und Grundstücke« komme er derzeit nicht heran. Der Ausgang des Zivilprozesses ist dem Berichterstatter nicht bekannt geworden.

Geliebt und erstochen

Dem 22-jährigen Vincenz Kurino gelang es, 1979 von Rumänien durch den Eisernen Vorhang nach Westdeutschland zu kommen. Der junge Rumäniendeutsche fand in Augsburg Arbeit als Schlosser in der Textilmaschinenfabrik an der Meraner Straße. Im gleichen Betrieb wurde Anfang der 1980er Jahre auch die junge Manuela Stocco als technische Zeichnerin beschäftigt. Dem auffallend hageren und schmächtigen Schlosser gefiel die junge Frau sehr, jedoch traute er sich nicht, sie anzusprechen. Erst nach einem knappen Jahr, im Januar 1982, fragte er seine heimlich Angebetete, ob sie Lust hätte, mit ihm ins Kino zu gehen. Manuela Stocco war nicht abgeneigt, und so begann eine Zweierbeziehung, in der der junge Mann die große Liebe, sie aber nur eine vorübergehende Liaison sah. Während der Schlosser bereits Verlobungsringe kaufte, verhielt sich die junge Frau eher zurückhaltend. Zu Weihnachten 1982 beendete Manuela Stocco die Beziehung mit den lapidar dahingesagten Worten: »Wir passen nicht zusammen.« Vincenz Kurino konnte nicht fassen, dass auf einmal Schluss sein sollte. »Ich habe das nie verstanden«, wird er später aussagen. »Die ersten Tage war ich ein bisschen durcheinander, ich habe es nicht glauben wollen.«

In den folgenden Wochen versuchte der Schlosser, die junge Frau umzustimmen, doch sie wollte nicht mehr. Fast täglich begegnete der 26-Jährige seiner früheren Freundin im Betrieb. »Sie erwiderte meinen Gruß knapp, mehr nicht.« Immer wieder kam Vincenz Kurino an den Arbeitsplatz der jungen Frau im ersten Stock der Werkhalle der Maschinenfabrik. Im Büro der technischen Zeichnerin kam es dann oft zu lautstarken Auseinandersetzungen, sodass der Betriebsleiter dem Schlosser schließlich den Zugang verbot. Ende Juni 1983, an seinem Geburtstag, spendierte Vincenz Kurino im Betrieb Sekt. Er brachte auch Manuela Stocco drei Flaschen Piccolo in ihr Büro, doch diese nahm das Geschenk nicht an. Gekränkt lief der junge Mann nach Hause, packte seinen Rucksack und fuhr kurzentschlossen in die Berge. Am 10. Juli 1983 kam er dann doch wieder zur Arbeit und wurde gesehen, wie er auf dem Fabrikhof stand und beobachtete, wie Manuela Stocco zu ihrem neuen Freund ins Auto stieg. Minutenlang stand Vincenz Kurino wie angewurzelt da und starrte auf das Auto, dann ging er zu seiner Werkbank zurück und weinte.

Am Freitag, dem 13. Juli 1983, nahm Vincenz Kurino unmittelbar nach Arbeitsschluss sein Brotmesser aus der Schublade, steckte es in den Hosenbund und ging hinauf ins Büro von Manuela Stocco. Schon einige Wochen zuvor, mindestens zehnmal, so der Mann später bei seiner Vernehmung, hatte er mit dem Messer im Büro seiner ehemaligen Freundin gestanden. Die technische Zeichnerin war allein, der letzte Kollege bereits zehn Minuten vorher gegangen. Wortlos ging Vincenz Kurino von hinten auf die Frau zu, zog sein Messer aus dem Hosenbund und schnitt ihr, nachdem sie ihm den Rücken zugedreht hatte, in den Hals. »Da habe ich eine gute Gelegenheit gehabt, ihr in den Hals zu schneiden. Sie sollte mir nicht in die Augen schauen, weil da hätte ich es nicht machen können, und machen wollte ich es. In die Brust habe ich sie dann noch gestochen, weil sie aufstand und mich so ansah«, schilderte er später ungerührt den Tathergang. Mit zwei gezielten Stichen ins Herz bereitete er dem Leben seiner ehemaligen Freundin ein Ende. Das Messer ließ er dann zu Boden fallen, verließ eilig, sich am Hausmeister vorbeidrängend, das Büro und flüchtete ins Freie.

Der Hausmeister der Maschinenfabrik hatte gerade den Staubsauger, mit dem er im Keller des Betriebs ein Zimmer reinigte, abgestellt, als er aus der oberen Etage »laute und irgendwie unnatürliche Schreie« hörte. Er rannte nach oben und stieß an der Tür zum Büro auf »den Vincenz«. Der, so erinnerte sich der Zeuge später, habe nur gesagt, »Ich hab was gemacht«, und sei dann davongelaufen.

Im Büro sah der Hausmeister zunächst nichts Auffallendes, beim Fenster hinter den Regalen fand er dann jedoch Manuela Stocco. Der Hausmeister drehte die auf dem Bauch liegende, blutüberströmte Frau um. Die Schwerverletzte röchelte noch und wollte etwas sagen, aber jede

Hilfe kam für sie zu spät. Die sofort eingeleitete Fahndung nach Vincenz Kurino führte bereits nach einer Dreiviertelstunde zum Erfolg. Aufgrund des Hinweises eines Arbeitskollegen wurde er nur wenige hundert Meter vom Tatort entfernt in einer Gaststätte festgenommen. Der junge Mann hatte sich gerade ein Bier bestellt. Vincenz Kurino legte sofort ein umfassendes Geständnis ab. Bei der Vernehmung durch die Kriminalpolizei Augsburg gab Kurino auch zu, die Geliebte schon mit dem Vorsatz aufgesucht zu haben, sie umzubringen. Eine Blutprobe nach der Festnahme des Schlossers ergab einen Wert von über zwei Promille.

Am 3. Januar 1985 stand Vincenz Kurino vor der Schwurgerichtskammer des Landgerichts Augsburg, auch elf Zeugen und zwei Sachverständige waren geladen. Die Anklage legte dem Schlosser zur Last, Manuela Stocco am 13. Juli 1983 in ihrem Büro in der Maschinenfabrik heimtückisch erstochen zu haben, was nur als Verbrechen des Mordes zu werten war. Der Prozessverlauf war unproblematisch, da sich der Angeklagte auch vor Gericht geständig zeigte. In seinem Plädoyer erklärte der Staatsanwalt, dass die einstmals tiefe Zuneigung des leicht kränkbaren Angeklagten zu der technischen Zeichnerin am Ende in Hassgefühle umgeschlagen sei. Kurino sei voll verantwortlich für die Tat, denn die beiden psychiatrischen Sachverständigen hatten in ihren Gutachten keine Anhaltspunkte für eine erheblich verminderte Schuldfähigkeit gesehen. Ebenso wie der Staatsanwalt forderte der Nebenklagevertreter der Familie des Opfers, den Schlosser wegen Mordes zu verurteilen. Der Verteidiger des Angeklagten beantragte eine Freiheitsstrafe von 15 Jahren wegen Totschlags.

Vincenz Kurino, der wohl wusste, welches Urteil ihn erwartete, saß am Ende der Verhandlung nur noch apathisch da und wirkte erschöpft und müde. Seine letzten Worte im Gerichtssaal lauteten: »Es tut mir wahnsinnig leid. Ich kann's nicht mehr rückgängig machen. Verzeihen Sie mir.« Dann brach er weinend auf der Anklagebank zusammen.

Genau 75 Minuten nach diesem Gefühlsausbruch verkündete der vorsitzende Richter das Urteil: lebenslange Freiheitsstrafe wegen Mordes. Für das Gericht war zweifelsfrei erwiesen, dass der 27-jährige Schlosser seine ehemalige Freundin am 13. Juli 1984 heimtückisch angegriffen und erstochen hatte. »Unter bewusster Ausnutzung der Arg- und Wehrlosigkeit des ahnungslosen Opfers« habe der Angeklagte das Messer aus dem Hosenbund gezogen und der 21-Jährigen mehrmals von hinten in den Hals geschnitten. Der Schlosser habe sich nicht damit abfinden können, dass die technische Zeichnerin Monate vor der Tat endgültig mit ihm gebrochen hatte. Nach Überzeugung des Gerichts wollte der Angeklagte die junge Frau mit diesem »heimtückischen Angriff« töten, »doch der Versuch, ihr die Kehle durchzuschneiden, ist fehlgeschlagen«. Weil sich die junge Frau schreiend umdrehte, versetzte der Angeklagte ihr Sekunden später mit der elf Zentimeter langen Klinge seines Messers zwei tödliche Stiche mitten ins Herz, so die Ansicht des Richters.

Mit Schürzenbändern stranguliert

Der 24 Jahre alte Maurer Josef Meier heiratete die 20-jährige Sophie nur gegen den Willen ihrer Eltern im Jahr 1965. Schuld daran war vermutlich der Umstand, dass Josef Meier gelegentlich Kneipen aufsuchte und über den

Tag in der Regel vier bis sechs Biere trank. Zudem hielt es der Maurer bei keiner Firma lange aus, in 14 Jahren wechselte er 25-mal seinen Arbeitsplatz. Doch seine Ehe verlief völlig normal, und im Laufe der Jahre stellte sich auch mehr und mehr Nachwuchs ein, seine Frau gebar ihm insgesamt vier Kinder. Ab dem Ende des Jahres 1983 fühlte sich Josef Meier gesundheitlich immer schlechter und sah sich nicht mehr imstande, auch nur einen Stein zu heben. Er war fast nur noch arbeitslos, und selbst eine Kur vermochte den Verschleiß an Schulter und Gelenken nicht auf Dauer zu heilen. Gleichzeitig griff Josef Meier immer häufiger zum Alkohol. Wiederholt kam er betrunken nach Hause und schlug Frau und Kinder. »Wenn er nüchtern war, war er der feinste Mensch«, wird seine Frau später über ihn aussagen. Die Trinkerei verstärkte jedoch die schwelende familiäre Dauerkrise. In ihrer Not wandte sich Sophie Meier an einen Rechtsanwalt, der ihrem Mann brieflich mitteilte, dass ein Zusammenleben für seine Mandantin unerträglich werde, wenn er das Trinken nicht lasse. Ab Ende 1985 bestand die Frau dann rigoros auf einem Trennungsjahr. Das Ehepaar lebte seitdem getrennt im gemeinsamen Haus in einem kleinen Dorf bei Erlangen. Josef Meier schlief im Keller, seine Frau im Zimmer der Tochter. Dass die Ehe nach 21 Jahren letztlich scheiterte, schrieb Josef Meier aber nicht sich selbst zu, sondern suchte die Schuld stets bei anderen.

Am 3. Februar 1986 fand Josef Meier wieder eine neue Stelle als Betonmischer. Am Abend fühlte er sich wie gerädert, versuchte sich aber dennoch mit seiner Frau, die längst nichts mehr mit ihm zu tun haben wollte, auszusprechen. »Ich halte das nicht mehr aus«, sagte er und drohte damit, sich das Leben zu nehmen. Sophie Meier nahm diese Drohung aber kaum noch wahr, allzu oft hatte ihr Mann schon so mit ihr gesprochen. Am nächsten Morgen ging Josef Meier nicht zur Arbeit. Nachdem seine Frau von ihrer Morgentour als Zeitungsausträgerin zurückkam, hielten sich die Eheleute gegen acht Uhr beide in der Küche auf. Sophie Meier trank Kaffee und las in der Zeitung, als ihr Mann plötzlich von hinten an sie herantrat und die Bänder einer Schürze um ihren Hals wand. Die Frau nahm den Angriff zunächst nicht ernst und rief: »Was soll der Blödsinn?«

Als sie die Frage »Kommst du zu mir zurück?« jedoch verneinte, zog Josef Meier die Schürzenbänder immer kräftiger zu, bis sie bewusstlos zu Boden fiel. Meier glaubte nun, seine Frau getötet zu haben. »Weil alles keinen Wert mehr hatte«, kam ihm der Gedanke, sich auch selbst umzubringen. Im gesamten Haus verschüttete er Benzin, das er dann auf dem Dachboden anzündete. Als er auf dem Rückweg an der Küche vorbeikam und bemerkte, dass seine Frau noch röchelte, würgte er die am Boden liegende Frau mit den Händen so lange, bis sie sich nicht mehr rührte. An seine Selbsttötungsabsicht dachte er längst nicht mehr, sondern verließ das Haus, um, wie er später aussagte, den Brand bei der Gemeinde zu melden. Doch da hörte er bereits von Weitem die Sirene der Feuerwehr. Josef Meier fuhr nun nach Erlangen und hob Geld von der Bank ab. Den Gedanken, sich zu stellen, ließ er schnell wieder fallen. Sophie Meier konnte von Nachbarn bewusstlos aus ihrem Haus gerettet werden. Der Polizei gelang es schnell, Josef Meier in Erlangen zu stellen. Der Ermittlungsrichter erließ umgehend Haftbefehl gegen ihn wegen versuchten Mordes.

Ab dem 5. Oktober 1987 hatte sich der 45-jährige Josef Meier vor dem Schwurgericht des Landgerichts Nürnberg-Fürth wegen versuchten Mordes und schwerer Brandstiftung zu verantworten. Im Mittelpunkt des ersten Verhandlungstages stand die zerrüttete Beziehung zwischen Täter und Opfer. Das Gericht nahm sich Zeit, um die Hintergründe eines seit Jahren schwelenden Ehekonflikts zu erhellen. Ohne Frage spielte der Alkoholmissbrauch des Angeklagten eine entscheidende Rolle in der Dauerkrise, die der Verzweiflungstat am 4. Februar 1986 vorausgegangen war. Streckenweise setzten sich im Gerichtssaal die Szenen der kaputten Ehe fort, als Sophie Meier als Zeugin vernommen wurde und einen Streit darüber entfachte, wer wen aus welchem Grund geschlagen hatte. Bei den Plädoyers des Anklagevertreters und der Verteidigung taten sich vor Gericht zwei Welten auf. Während der Staatsanwalt wegen versuchten Mordes und schwerer Brandstiftung 13 Jahre Freiheitsstrafe beantragte, hielten die beiden Anwälte des Angeklagten eine Haft von zwei Jahren mit Bewährung für angemessen. Sie konnten bei ihrem Mandanten lediglich ein Delikt der gefährlichen Körperverletzung ausmachen. Dass Josef Meier keine Schuldunfähigkeit oder zumindest verminderte Schuldunfähigkeit zuzubilligen war, machte der als Sachverständiger geladene Psychiater deutlich. Der Angeklagte leide nicht unter seelischen Erkrankungen, seine Intelligenz sei durchschnittlich, er neige jedoch dazu, sich selbst zu bemitleiden, lautete seine Beurteilung. Obwohl der arbeitslose Maurer häufig getrunken habe, sei kein chronischer Alkoholmissbrauch festzustellen gewesen. Auch zur Tatzeit habe lediglich eine Alkoholkonzentration zwischen 0,81 und 1,19 Promille vorgelegen, was seine Steuerungsfähigkeit nicht beeinflusst haben konnte.

In seinem Plädoyer ging der Staatsanwalt nochmals auf die Vorgeschichte der Tat ein. In dem Angeklagten sah er einen »Tyrannen der Familie«, der Frau und Kinder mehrfach schlug. Nach Ansicht des Anklägers hatte Josef Meier am 4. Februar 1986 den Vorsatz, seine Frau zu töten. Gleichzeitig habe er heimtückisch gehandelt und die Arglosigkeit seines Opfers ausgenutzt. Die Verteidiger waren da ganz anderer Meinung, ein Vorsatz sei schon deshalb nicht anzunehmen, weil der Maurer eher zufällig auf die Schürze als »Tatwerkzeug« gestoßen sei, lautete ihre Argumentation. Die Handlung ihres Mandanten sei somit spontan erfolgt, und wenn er seine Tat hätte vertuschen wollen, hätte er das Feuer doch in der Küche und nicht auf dem Dachboden entfacht. Da er auch die Arglosigkeit seiner Gattin nicht bewusst ausgenutzt hatte, könnte von Heimtücke keine Rede sein.

Am Donnerstag, dem 9. Oktober, verurteilte die Schwurgerichtskammer des Landgerichts Nürnberg-Fürth Josef Meier wegen versuchten Mordes und schwerer Brandstiftung zu einer Freiheitsstrafe von zwölf Jahren. Die Kammer war davon überzeugt, dass der Angeklagte am Morgen des 4. Februar 1986 seine Ehefrau heimtückisch töten wollte. Die Richter folgten damit weitgehend der Auffassung des Staatsanwalts, der 13 Jahre Haft gefordert hatte. Der vorsitzende Richter räumte in seiner Urteilsbegründung ein, dass der Angeklagte von vornherein keinen Tötungsvorsatz gehabt hatte. Meier wollte mit der Drosselung seiner Forderung Nachdruck verleihen, dass die Frau die praktizierte Trennung aufgebe. Als sie dies jedoch ablehnte, habe er nun den »direkten Vorsatz« gehabt, die Mutter seiner vier Kinder umzubringen. Das Gericht habe »keinen Zweifel« daran gehegt, dass Josef Meier die Bänder der Schürze zweimal fest zuzog. Da die Ehefrau den Angriff anfänglich nicht ernst nahm, war sie auch arglos. Zu spät erkannte sie die Situation und hatte schon keine Möglichkeit mehr zur Gegenwehr. Beim Strafmaß berücksichtigte das Gericht auch die schwere Brandstiftung. Als der Angeklagte nach seiner Tat Feuer legte, gefährdete er auch das Leben seiner Schwiegereltern, die im direkt angrenzenden Gebäude wohnten. Allein dieses Vergehen wurde normalerweise schon mit fünf bis sieben Jahren Haft bestraft. Mit Blick auf die Verteidiger meinte der Richter: »Wie man dabei auf zwei Jahre Freiheitsstrafe kommen kann, ist mir schleierhaft.«

Tödliche Schwammerlsuche

Der im mährischen Holleischen geborene Karel Kutschera kam infolge der Nachkriegswirren 1945 als Sechsjähriger mit seinen Großeltern und anderen Familien nach Furth im Wald. Den Aussiedlern wurde dort ein Kuhstall als Wohnmöglichkeit zugewiesen, in dem die Kinder in einer Futterkrippe schlafen mussten. 1946 wurde auch Karel Kutscheras Mutter aus der Heimat vertrieben und kam in Gauting bei München unter. Bald wurde Kutschera zu seiner Mutter geschickt, bei der er seinen aus der Kriegsgefangenschaft heimkehrenden Vater, den er bis dahin nie gesehen hatte, kennen lernte. Dieser zwang den ungeliebten Sohn, nach der Schulzeit eine Metzgerlehre anzutreten. Später ließ sich der Vater von Karels Mutter scheiden, und Karel Kutschera wurde in ein Jugendheim eingewiesen. Noch während seiner Lehre kam der 16-Jährige 1955 erstmals mit dem Gesetz in Konflikt, weil er für den Wachhund des Jugendheims Fleisch gestohlen hatte. 1962 ging Karel Kutschera 23-jährig eine Ehe ein und wurde Vater. Diese Ehe zerbrach aber schnell, weil Kutschera immer wieder straffällig wurde. Von 1970 bis Januar 1978 saß er wegen Mittäterschaft bei einer Serie von Villeneinbrüchen im Gefängnis.

In dieser Zeit lernte er seine Cousine Marie näher kennen. Marie kam während des Krieges 1941 auch als uneheliches Kind im damaligen Sudetenland zur Welt und wurde mit ihrer Mutter 1946 als Fünfjährige aus der Heimat vertrieben. Als sie 18 Jahre alt war, heiratete sie 1959 ihre erste große Liebe. Aber ihr Mann verließ sie bereits nach drei Jahren, die Ehe wurde geschieden. Nach dem Prager Frühling kam 1968 der ehemalige tschechoslowakische Polizist Jaroslav Woldrositz nach Deutschland. Er lernte die zwei Jahre ältere Marie kennen und heiratete sie bald darauf. Jaroslav Woldrositz verdiente den Lebensunterhalt als Maurer, seine Frau versuchte etwas mit Putzarbeiten dazuzuverdienen. Er hoffte sehr auf Kinder, aber dieser Wunsch blieb ihm versagt, denn Marie konnte keine Kinder bekommen. Sie war auch in ihrer zweiten Ehe nicht glücklich, ihr Mann sprach übermäßig dem Alkohol zu und schlug sie. Gelegentlich schlug sie auch zurück.

Trost fand Marie Woldrositz schließlich bei ihrem Verwandten Karel Kutschera, den sie 1969 zuletzt gesehen hatte. Im August 1977 besuchte sie ihren Cousin in der Haftanstalt, in der er seine Gefängnisstrafe absaß. Als Karel Kutschera im Januar 1978 entlassen wurde, entwickelte sich schnell eine intime Beziehung zwischen den beiden, von der Karel Kutschera später sagen wird, dass sie »so unwahrscheinlich gut war«, wie er es nie zuvor in seinem Leben erlebt hatte – zu diesem Zeitpunkt hatte er schon drei Selbstmordversuche wegen gescheiterter Beziehungen hinter sich. Jaroslav Woldrositz merkte von dem Verhältnis seiner Frau nichts. Karel Kutschera und Marie Woldrositz machten sich unterdessen sogar Hoffnungen, ihre Beziehung zu legalisieren, als Jaroslav Woldrositz davon sprach, in die Tschechoslowakei zurückzukehren und eine Familie zu gründen. Jedoch machte er keinerlei Anstalten, seine Ankündigung auch wahr zu machen. Marie Woldrositz war allerdings der festen Überzeugung, dass ihr Gatte einer einfachen Scheidung nicht zustimmen, sondern sie eher umbringen würde. Sie klagte ihrem Geliebten immer wieder: »Karel, ich halte es nicht mehr aus, der Miki ist so gemein und brutal.« So fassten die beiden schließlich den Entschluss, den Ehemann aus dem Weg zu räumen. Als Marie Woldrositz einmal sagte: »Ich glaube, es wäre mir lieber, Jaroslav wäre tot«, meinte Karel Kutschera nur gelassen: »Ich verstehe dich.«

Im Sommer 1978 begannen sie sich mit dem Gedanken, wie man Jaroslav Woldrositz umbringen könnte, ernsthaft zu befassen. Maries Vorschlag, ihren Mann mit Heroin oder einem anderen Rauschgift zu vergiften, lehnte Karel Kutschera als unrealistisch ab. Sein Gegenvorschlag, Jaroslav Woldrositz in der Badewanne »abzustechen«, die Leiche dann zu zerteilen und durch den Fleischwolf zu drehen, eine für einen Metzger wohl nahe liegende Lösung, verwarf seine Freundin wiederum, weil ihr dann vor ihm »grausen« würde. Schließlich beschlossen sie, den im Weg stehenden Ehemann zu erschießen. Karel Kutschera kaufte für einige hundert Mark, die er beim Kartenspielen gewonnen hatte, und von Maries Geld eine Pistole und 25 Schuss Munition auf dem Schwarzmarkt. Im Wald bei Großhadern verschoss Karel Kutschera einen Teil der Munition zur »Übung«. Zwei Versuche, das ausersehene Opfer in den Wald zu locken und dort zu erschießen, schlugen fehl. Einmal weigerte sich Jaroslav Woldrositz, Kutschera bei einer fingierten Mopedpanne zu helfen, weil er als Maurer Gips ins Auge bekommen hatte und nachts nicht mehr mit dem Auto fahren wollte, beim zweiten Mal war es Marie Woldrositz nicht gelungen, ihren Mann zu der Stelle zu locken, an der Kutschera im Hinterhalt lauerte. Doch die Zeit drängte, denn Jaroslav Woldrositz wollte am Montag, dem 28. August 1978, mit seiner Frau nach Mallorca in den Urlaub fahren. Das aber wollten die beiden Liebenden unbedingt verhindern. Es hätte umgebucht werden müssen, wenn stattdessen Karel Kutschera die Reise antrat, und selbst den für die Erledigung der Beerdigungsformalitäten erforderlichen Zeitaufwand kalkulierten die beiden bereits ein. Daher musste bald etwas geschehen.

»Rein zufällig«, wird Karel Kutschera später sagen, sei er am Samstag, dem 26. August 1978, zu seiner Cousine gefahren. Man habe zu dritt »geratscht«, und plötzlich sei vom Schwammerlsuchen die Rede gewesen. Tatsächlich aber war das Vorgehen genau geplant, denn Karel Kutschera führte die Pistole bei sich. Zu dritt fuhren sie in den Forstenrieder Park nahe München. Etwa zwei Stunden suchten Karel Kutschera und Marie und Jaroslav Woldrositz Pilze. Dann begann Jaroslav zur Heimkehr zu drängen, weil er die Sportschau im Fernsehen nicht verpassen wollte. Als er sich gerade kniend über einen Pilz beugte, sprach Karel Kutschera ihn von hinten an: »Warum bist du eigentlich so brutal zu der Mitzi?«

Jaroslav verbat sich mürrisch diese Einmischung: »Das ist nicht dein, sondern unser Problem.« Daraufhin insistierte Karel Kutschera aber weiter: »Was würdest du sagen, wenn ich ein Verhältnis mit deiner Frau hätte?« Jaroslav sprang erbost mit dem Messer für die Schwammerlernte in der Hand auf, aber da trafen ihn schon die Kugeln aus der Pistole von Karel Kutschera aus unmittelbarer Nähe in Kopf und Brust. Fünfmal drückte Kutschera ab, Jaroslav Woldrositz sackte sofort tot zusammen. Mit der in der

Nähe stehenden Geliebten flüchtete der Todesschütze im Auto. Wie schon im Vorfeld besprochen, erzählte das Paar anschließend der Polizei, dass der ehemalige tschechoslowakische Polizist Jaroslav Woldrositz entführt worden sei. Marie Woldrositz war es dabei gelungen, die Polizei so in die Irre zu führen, dass die Leiche erst am nächsten Tag geborgen werden konnte. Die Kriminalbeamten klärten aber schnell auf, wer tatsächlich hinter dem Mord stand, und verhafteten Karel Kutschera und Marie Woldrositz. Marie legte kurz vor Weihnachten 1978 ein Geständnis ab, Kutschera schwieg hartnäckig.

Ab dem 26. November 1979 standen der Metzger Karel Kutschera und seine Geliebte Marie Woldrositz vor der Schwurgerichtskammer des Landgerichts München I. Die Anklage warf ihnen vor, in bewusstem und gewolltem Zusammenwirken den Ehemann der Angeklagten hinterhältig und aus niedrigen Beweggründen getötet zu haben. Der Staatsanwalt beantragte dafür für beide Angeklagten eine lebenslange Freiheitsstrafe. Die Verteidigung plädierte für Marie Woldrositz auf neun Jahre Haft und für Karel Kutschera auf eine zeitliche Freiheitsstrafe. Das Gericht schloss sich jedoch weitgehend der Argumentation des Anklägers an und verurteilte beide Angeklagten zu lebenslangem Freiheitsentzug. Heimtückisch hatten die beiden nach Überzeugung des Gerichts das Opfer zum Schwammerlsuchen gelockt, »weil dort seine Tötung am einfachsten war«. Allein die Tatsache, dass Jaroslav Woldrositz sterben musste, weil er im Weg stand, zeige eine zutiefst verachtungswürdige Tat, für die nur eine lebenslange Freiheitsstrafe in Frage komme. Zum Abschluss der Verhandlung bekundeten die beiden Verurteilten, im Gefängnis heiraten zu wollen.

Die befleckte Ehre

Eszmira war gerade 15 Jahre alt, als sie in ihrer Heimat, der Türkei, 1968 den damals 26 Jahre alten Kemal Suleiman heiraten musste. Aus der Ehe gingen drei Kinder hervor. Anfang der 1970er Jahre ging Kemal Suleiman als Gastarbeiter nach Deutschland und kam nach Augsburg, weil er hier Arbeit und eine bescheidene Wohnung fand. Er ließ seine Frau und die älteste Tochter aus der Türkei nach Deutschland nachkommen, während die beiden jüngeren Kinder bei den Großeltern zurückblieben. Die kleine Familie wohnte am Mauerberg in Augsburg, und Suleiman verdiente als Hilfsarbeiter bei der Müllabfuhr immerhin so viel, dass sie sich ein normales Leben leisten konnte. Aber nach 13 Jahren Ehe kriselte es, da die unterdessen 28 Jahre alte Eszmira zu der Erkenntnis kam, durch ihre frühe Trauung einiges im Leben versäumt zu haben. Seit geraumer Zeit fühlte sie sich zu einem befreundeten Landsmann hingezogen, der ihr auch zeigte, dass er einer Beziehung zu ihr nicht abgeneigt gegenüberstand. Anfang April 1981 trennte sich Eszmira Suleiman von ihrem Ehemann und zog mit ihrer zwölfjährigen Tochter zu ihrem Liebhaber in die Donauwörther Straße in Augsburg.

Am Dienstag, dem 14. April 1981, erfuhr der 39 Jahre alte Ehemann Kemal Suleiman, wo sich seine Frau genau aufhielt. Mit einem Stilett in der Hand lauerte der Eifersüchtige am Nachmittag der 28-Jährigen auf. Als die Frau nach dem Einkaufen ein Geschäft verließ und sich zusammen mit ihrer Tochter auf dem Gehweg vor dem Haus Donauwörther Straße 1 befand, kam es zu einer folgenschweren Bluttat. Mitten im dichtesten Berufsverkehr rannte Kemal Suleiman über die Fahrbahn, wobei er fast von einem Auto erfasst wurde, und stürzte sich blindlings auf seine Frau. Der Mann stieß mit dem Stilett Dutzende Male zu und verletzte seine Frau in der Brustgegend, am Bauch und an den Beinen. Seine Tochter versuchte vergebens, ihn von der Mutter abzuhalten. Einige beherzte Passanten stürzten der jungen Türkin zu Hilfe, bis sie den Messerstecher von seinem Opfer lösen konnten. In einem wilden Handgemenge verlor Kemal Suleiman schließlich sein Stilett. Der Rasende konnte überwältigt und der alarmierten Polizeistreife übergeben werden. Die lebensgefährlich verletzte Frau wurde vom Notarztwagen sofort ins Klinikum gebracht, wo ihr Leben durch einen schnellen Eingriff gerettet werden konnte. Die Tochter des Ehepaares blieb unverletzt. Am Abend erklärte Kemal Suleiman den ermittelnden Kriminalbeamten, er habe seine Frau umbringen wollen, weil sie sich von ihm getrennt hatte. Er konnte nicht verwinden, dass sich seine Frau von ihm scheiden lassen wollte. »Meine Ehre war befleckt, ich musste sie reinwaschen«, begründete der 39-Jährige seine Tat. Der Ermittlungsrichter erließ wegen des Verdachts auf versuchten Mord Haftbefehl, Kemal Suleiman kam in Untersuchungshaft.

Ein halbes Jahr nach der Bluttat musste sich der Türke vor der Schwurgerichtskammer des Landgerichts Augsburg verantworten. Die Anklage lautete zwar ursprünglich auf versuchten Mord, der Staatsanwalt rückte aber im Laufe der Verhandlung von diesem Vorwurf ab und wertete die Tat als Totschlagversuch. Dieser Meinung schlossen sich schließlich auch alle Prozessbeteiligten an, denn nach dem Gesetz wird die Tötung eines Menschen erst dann als Mord bezeichnet, wenn ganz bestimmte Umstände im Tathergang oder im Motiv verwirklicht sind. Im diesem Fall war die Anklage ursprünglich von »heimtückischer Tatbegehung« und »niedrigen Beweggründen« ausgegangen.

Beide Tatvorwürfe ließen sich aber bei der zur Verhandlung stehenden Tat nicht halten, stellte dazu das Gericht fest. Der Ankläger forderte in seinem Plädoyer zehn Jahre Freiheitsentzug. Der Verteidiger wollte die Tat dagegen als »minderschweren Fall« bewertet wissen und hielt vier Jahre Freiheitsstrafe für ausreichend. Der Anwalt wies in diesem Zusammenhang darauf hin, dass dem 39-Jährigen nach seiner Haftentlassung in seiner Heimat wegen derselben Sache ein Prozess drohe, in dem es um Freiheitsstrafen bis zu 30 Jahren gehe. Der Anwalt der Ehefrau machte in seinem Plädoyer deutlich, dass es nicht am Verhalten des Angeklagten gelegen habe, dass seine Mandantin mit dem Leben davonkam, sondern dass ihr der Umstand zugute gekommen war, dass eingegriffen und der Täter überwältigt wurde. Der als Gutachter hinzugezogene Psychiater bezeugte, dass Kemal Suleiman mit eingeschränkter Schuldfähigkeit handelte.

Wegen versuchten Totschlags verurteilte die Schwurgerichtskammer des Landgerichts Augsburg den Gastarbeiter unter Zubilligung von eingeschränkter Schuldfähigkeit zu fünf Jahren Freiheitsstrafe. Die Richter gingen in ihrem Urteil davon aus, dass Kemal Suleiman seine Ehefrau hatte bewusst töten wollen. Sozusagen als »Strafe« dafür, dass sie ihn verließ und nicht zu ihm zurückkehren wollte. Dabei griff er seine Frau nicht durch einen einzigen gezielten Stich, sondern durch viele Einzelstiche an. Als erschwerend werteten es die Richter, dass der Türke »nicht unerhebliche Brutalität« an den Tag gelegt und vor den Augen seiner zwölfjährigen Tochter auf offener Straße gehandelt hatte. Strafmildernd fiel ins Gewicht, dass sich seine Frau durch Beziehungen zu anderen Männern ehewidrig verhalten und so ihren Mann schwer beleidigt hatte. Aber »man muss den türkischen Gastarbeitern schon klarmachen, dass sie bei Fehlern ihrer Ehefrau nicht berechtigt sind, sich zum Richter aufzuspielen«, betonte der Gerichtsvorsitzende. Bei Beginn der Urteilsverkündung hatte der vorsitzende Richter bereits darauf hingewiesen, wie schwer es einem Gericht immer wieder falle, »bei solchen Ehedramen eine schuldangemessene Strafe zu finden«.

Karriere vor Familie

Es war Liebe auf den ersten Blick, die die 21-jährige Studentin Sigrid Lairich und den 32 Jahre alten Elektromechaniker Leonhard Derlinger im Winter 1978 zusammenführte. Die beiden standen im Winterurlaub an einem Skilift an, sahen sich, und »nach wenigen Minuten war uns klar, dass wir zusammengehörten«. Nach einigen Monaten des Zusammenseins meldete sich bereits Nachwuchs an, die beiden heirateten 1979 und bezogen eine gemeinsame Wohnung in München-Sendling. Gleich zu Beginn ihrer Ehe beschlossen sie, dass Leonhard Derlinger den Lebensunterhalt für die Familie verdienen sollte. Seine Frau blieb als junge Mutter vorerst daheim, konnte nebenbei aber auch ihr Biologiestudium verfolgen. Schon bald stellte sich jedoch heraus, dass Sigrid Derlinger von ihrem Studium voll in Anspruch genommen wurde. Deshalb versorgte Leonhard Derlinger morgens seinen Sohn, brachte ihn dann in den Hort und erledigte am Abend noch den Haushalt – immer in der Hoffnung, dass sich seine Frau, wenn sie ihren Diplomabschluss geschafft hatte, nur noch um den Haushalt kümmern und vielleicht noch ein zweites Kind zur Welt bringen würde. Dies entsprach jedoch mehr seinen Vorstellungen, denn insgeheim wollte sich Sigrid Derlinger nicht in die Rolle der Hausfrau drängen lassen. Dieser schwelende Konflikt wurde allerdings nie offen diskutiert. Für die junge Mutter war häufig selbst ihr Sohn eine Behinderung, sich ihrer Arbeit gänzlich widmen zu können. In der äußerlich sehr harmonischen Ehe gingen die Zielvorstellungen der Partner weit auseinander. Während sie ihr Biologiestudium nicht nur mit einem Diplom abschließen, sondern auch promovieren und wissenschaftlich arbeiten wollte, war er in erster Linie an der Familie orientiert, hing vor allem sehr an seinem Sohn und übernahm viele Hausarbeiten, um seine Frau zu entlasten.

Am 9. Januar 1983 kam es zum Eklat. Nach einem schönen, aber länger als ursprünglich geplanten Besuch von Bekannten war Sigrid Derlinger verärgert, weil sie das Gefühl hatte, dadurch wichtige Zeit verloren zu haben. Ihr Mann war verunsichert, versuchte sie zu besänftigen und machte eine Flasche Wein auf, um in Ruhe mit ihr zu reden. Doch seine Ehefrau zog sich zum Arbeiten zurück. Erst gegen 22 Uhr setzte sie sich wieder zu ihm und äußerte in dieser angespannten Situation: »Ich will jetzt auch noch den Doktor machen und eine Hilfsassistenzstelle annehmen.«

Leonhard Derlinger war unterdessen müde und wollte erst am nächsten Tag mit seiner Frau über ihre Vorstellungen sprechen, schickte sich aber vor dem Zubettgehen noch an, das Frühstück für seinen Sohn vorzubereiten. Sigrid Derlinger kam dazu, wiederholte ihre Bedürfnisse und sagte, dass auch ihr Kind ihrem beruflichen Fortkommen im Weg stehe. Das zog die Wertvorstellungen ihres Mannes völlig in Zweifel. Er drehte, schon erheblich alkoholisiert, durch, packte seine Frau am Hals, fiel mit ihr zu

Boden, würgte sie etwa eine Minute und schlug ihren Kopf mindestens zehnmal gegen den Sockel eines Schrankes. Er tat dies, um sie einfach nur zum Schweigen zu bringen. Doch plötzlich rührte sich Sigrid Derlinger nicht mehr, sie war tot. Als Leonhard Derlinger das bemerkte, schleppte er die Leiche in den Keller, um sie vor seinem vierjährigen Sohn zu verstecken. Regelmäßig sah er jedoch nach, ob sie »vielleicht doch noch lebe«. Schließlich legte er die Leiche in den Kofferraum seines Autos und fuhr zum Starnberger See. Er wollte sich selbst dort ertränken und ging ins Wasser. Als er an die Verantwortung für seinen Sohn dachte, kehrte er aber um und meldete sich bei der Polizei. Leonhard Derlinger kam in Untersuchungshaft.

Zwölf Monate nach der schrecklichen Tat, ab dem 30. Januar 1984, musste sich der nun 38 Jahre alte Elektromechaniker vor der Schwurgerichtskammer des Landgerichts München I wegen eines Verbrechens des Totschlags verantworten. Der Sachverhalt war einigermaßen klar, es ging lediglich um die rechtliche Einordnung der Tat. Der Staatsanwalt beantragte wegen eines Verbrechens des Totschlags neun Jahre Freiheitsentzug. Der Verteidiger plädierte auf einen minderschweren Fall des Totschlags. Die Schwurgerichtskammer verurteilte Leonhard Derlinger schließlich wegen eines im Zustand erheblich verminderter Schuldfähigkeit begangenen Totschlags zu siebeneinhalb Jahren Freiheitsentzug. Der vorsitzende Richter führte in der Urteilsbegründung aus, dass das Gericht von Totschlag mit bedingtem Vorsatz und von Voraussetzungen der erheblich verminderten Schuldfähigkeit ausgegangen sei. Durch das Zusammenwirken der neurotischen Persönlichkeitsstruktur, der erheblichen Alkoholisierung – ein Sachverständiger hatte 2,5 bis möglicherweise drei Promille zur

Tatzeit errechnet – und dem Affekt lag die Hemmfähigkeit des Angeklagten sehr niedrig. Einen minderschweren Fall des Totschlags verneinte das Gericht dagegen: »Dass die Frau den Sohn als Hemmschuh bezeichnete, musste den Angeklagten zwar schwer treffen, war aber keine Provokation im Sinne einer schweren Beleidigung.«

Auch die Gesamtsicht lasse eine Beurteilung als minderschweren Fall im Sinne des Paragraphen 213 Strafgesetzbuch nicht zu, da »das geschützte Rechtsgut Leben es gebietet, die Grenze zu § 213 hoch anzusetzen«. In den Ausführungen zur Strafzumessung musste jedoch trotz vieler Milderungsgründe auch die Art der Tatausführung berücksichtigt werden. Daher schloss der vorsitzende Richter mit den Worten: »Bei dieser Tatausführung hat das Schwurgericht eine Freiheitsstrafe von weniger als siebeneinhalb Jahren als nicht schuldangemessen angesehen.«

Ein Kuss für die Tote

Im Mai 1980 begegneten sich die 22-jährige Hauswirtschaftsleiterin Elvira Braun aus Augsburg und der 20 Jahre ältere Kaufmann Benedikt Rauch zum ersten Mal. Sie fanden sich spontan sympathisch und verliebten sich ineinander. Bald kauften sie Verlobungsringe im Wert von 1 400 Mark, ihre Hochzeit war für den 6. August 1982 geplant. Doch einige Monate vor diesem Termin kühlte die Beziehung merklich ab, und Elvira Braun zögerte. Zudem hatte sie einen anderen Mann, der wesentlich jünger als ihr Verlobter war, kennen gelernt, den 31 Jahre alten Ingenieur Christof Müller. Nach einigen Wochen der Auseinandersetzung trennte sich Elvira Braun endgültig von

Benedikt Rauch. Als dieser feststellen musste, dass er seine Verlobte nicht zurückgewinnen konnte, forderte er alle seine Geschenke von ihr zurück. Insgesamt zirka 12 000 Mark wollte Benedikt Rauch wiederhaben, doch seine ehemalige Freundin weigerte sich. Bei einem Streit warf sie ihm sogar vor, dass er eine Verlobung gar nicht beweisen könne. Benedikt Rauch konnte nicht mehr verlieren, er verfolgte Elvira Braun und ihren neuen Freund förmlich, bedrohte beide und drang sogar ohne Erlaubnis in die Wohnung seiner ehemaligen Partnerin ein. Dem Vater von Elvira Braun kündigte er düster an: »Eines Tages werden deine Tochter und ich groß in der ›Bild-Zeitung‹ stehen.«

Am 27. Juli 1982 verbrachten Elvira Braun und ihr neuer Freund Christof Müller den Nachmittag gemeinsam. Sie sprachen an diesem Tag auch bei der Polizei vor und zeigten Benedikt Rauch wegen Bedrohung und Hausfriedensbruchs an. Später trennten sie sich und gingen nach Hause. Am Abend versuchte der Ingenieur Christof Müller vergeblich, seine Freundin telefonisch zu erreichen. Besorgt fuhr er zu ihrer Wohnung, um nach dem Rechten zu sehen. Vor dem Haus sah er den silbergrauen Porsche des Kaufmanns Benedikt Rauch stehen. In panischer Angst hämmerte der Ingenieur daraufhin an die Wohnungstür seiner Freundin. »Die kann jetzt nicht aufstehen, sie schläft tief und fest«, antwortete eine Männerstimme abweisend durch die verschlossene Tür. In größter Sorge verständigte Christof Müller die Eltern seiner Freundin, die Feuerwehr und die Polizei. Als wenige Minuten später die Feuerwehr die Tür aufbrach, wurde das Drama offensichtlich. Auf dem Fußboden lag die erwürgte 24-Jährige, Benedikt Rauch in tiefer Bewusstlosigkeit daneben.

Rauch war am späten Nachmittag, nachdem er Beruhigungstabletten geschluckt hatte, zu einer letzten Aussprache zu Elvira Braun gefahren. Dort kam es erneut zum Streit, denn auch diesmal forderte der Kaufmann seine Geschenke zurück, und seine ehemalige Verlobte hielt dagegen. Gereizt packte er daraufhin die sich heftig wehrende Frau am Arm. Es kam zu einem Handgemenge, in dessen Verlauf der aufgebrachte Benedikt Rauch Elvira Braun erwürgte. Als er seine ehemalige Freundin regungslos vor sich am Boden liegen sah, kam ihm erst zu Bewusstsein, was er getan hatte. Voller Verzweiflung küsste er die Tote und steckte ihr den Verlobungsring wieder an den Finger. Dann schluckte er alle Tabletten, die er in der Wohnung finden konnte und schrieb einen Abschiedsbrief mit einer letzten Liebeserklärung: »Ich habe noch nie so geliebt ...«, hieß es darin, gefolgt von der mehrfachen Bitte: »Ich möchte mit ihr in einem Grab schlafen!« Nachdem Benedikt Rauch der Magen ausgepumpt worden war und er sich von der Tablettenvergiftung erholt hatte, kam er in Untersuchungshaft.

Ein knappes Jahr nach der folgenschweren Tat kam es vor der Schwurgerichtskammer beim Landgericht Augsburg zum Prozess gegen den unterdessen 45-jährigen Benedikt Rauch. Die Anklage warf ihm vor, die 24 Jahre alte Elvira Braun im Streit um die zerbrochene Beziehung vorsätzlich getötet zu haben, was strafrechtlich als ein Verbrechen des Totschlags gewertet wurde. Der Staatsanwalt forderte dafür zehn Jahre Freiheitsentzug. Der Ankläger erinnerte dabei an das psychiatrische Gutachten, in dem dem Kaufmann die volle Schuldfähigkeit zugesprochen wurde und er als »egoistisch, bindungsarm, kontaktunfähig und auch unfähig, Spannungen auszuhalten« geschildert worden war. Von einem direkten Tötungsvorsatz mochte der Staatsanwalt allerdings nicht sprechen. Der Nebenkläger hielt im Namen der Eltern der Getöteten sogar die Höchststrafe von 15 Jahren für notwendig. Er sprach unter Beifall aus dem Publikum von einer »systematisch geplanten Tat«, die »einer Hinrichtung« gleiche, »weil sich das Mädchen einem anderen Mann zugewandt« hatte.

Der Verteidiger des Angeklagten wollte die Straftat in der Hochzoller Wohnung des Opfers lediglich als »minderschweren Fall von Körperverletzung mit Todesfolge« gewertet wissen. Er betonte allerdings auch, dass »die Höhe der Strafe für den Angeklagten letztendlich keine Rolle spiele, weil er schwer unter dem Bewusstsein leide, die von ihm geliebte und begehrte Frau getötet zu haben«. Acht Jahre Freiheitsentzug wegen eines Verbrechens des Totschlags lautete am Ende des Verfahrens das Urteil der Schwurgerichtskammer des Landgerichts Augsburg gegen Benedikt Rauch. Der vorsitzende Richter sprach in der Urteilsbegründung von einer »aufgeheizten Stimmung« beim letzten Einigungsversuch, zu der das Opfer durch ungeschicktes Verhalten beigetragen habe. Dadurch sei der Angeklagte gereizt worden, er habe seine ehemalige Verlobte gepackt und letztendlich erwürgt. Durch sein Vorgehen habe der Angeklagte den Tod der körperlich völlig unterlegenen Frau zumindest »billigend in Kauf« genommen. In diesem Zusammenhang erklärte der Richter, dass weder ein »minderschwerer Fall« noch eine die Verantwortlichkeit einschränkende Alkoholisierung angenommen werden könne. Außerdem versicherte er, dass der Unterschied im Strafmaß zwischen Totschlag und Körperverletzung mit Todesfolge verschwindend gering sei. Für den Angeklagten wertete das Gericht sein Geständnis und seinen Selbstmordversuch aus Verzweiflung und bitterer Reue über die Tat. Strafverschärfend wirkten jedoch seine Vorstrafen wegen Körperverletzung und Vergewaltigungsdelikten. Während der Urteilsverkündung war es im Schwurgerichtssaal des Justizgebäudes zu einem Eklat gekommen. Der mit dem Opfer zuletzt eng befreundete Ingenieur Christof Müller hatte den Richter lautstark unterbrochen und ihm falsche Beweisführung vorgeworfen. Der Mann musste, nachdem er die Aufforderung, sich zu beruhigen, wiederholt missachtete, des Saales verwiesen werden.

Tragödie zweier Kinder

Als Paula Kersten 1976 im Karosseriebaubetrieb Erber in Welden bei Augsburg ihre Lehre als Bürokauffrau antrat, war sie gerade 15 Jahre alt. In dem Betrieb lernte sie auch den 17-jährigen Sohn des Firmeninhabers Albert Erber kennen, der im elterlichen Betrieb als Karosseriebaulehrling tätig war. Die beiden Jugendlichen verliebten sich ineinander und verlobten sich im Herbst 1978 bei einem gemeinsamen Urlaub in Venedig heimlich. Zur ersten Belastungsprobe der jungen Beziehung kam es im selben Jahr, als die 17-jährige Paula Kersten schwanger wurde. Die beiden beschlossen, das Kind abtreiben zu lassen. Albert Erber hob von seinem Sparbuch 300 Mark ab und finanzierte damit die illegale Abtreibung. Aber in der Beziehung blieb ein Riss zurück, schon zu Beginn des Jahres 1979 trübte sich das Verhältnis erheblich, wiederholt kam es zu Auseinandersetzungen. Der ansonsten ruhige und ausgeglichene Albert Erber wirkte mürrisch und aggressiv, wodurch die Liebe des Paares in Mitleidenschaft gezogen wurde. Es kam immer häufiger zu Streitigkeiten, in deren Verlauf Albert Erber seine Freundin erst mit den Händen, dann mit den Fäusten und schließlich sogar mit einem Keilriemen schlug. Als sich Paula Kersten immer mehr zurückzog, wurde ihr Freund eifersüchtig. Am 2. August 1979 spitzte sich die Situation zu, als Albert Erber zufällig beobachtete, wie Paula Kersten wegen ihrer gedrückten Stimmung nach wiederholten Reibereien trostsuchend den Kopf an die Schulter seines Cousins legte. Der junge Mann missverstand die Situation und meinte, die beiden würden Zärtlichkeiten austauschen. Wieder gab es eine Szene, während der Albert Erber abermals handgreiflich wurde. Paula Kersten war nunmehr fest entschlossen, sich doch von ihrem Freund zu trennen.

Zwei Tage später, am Samstag, dem 4. August 1979, rang sich der schwermütige und tief verzweifelte junge Mann zu einem verhängnisvollen Entschluss durch. Er verließ am Abend die Geburtstagsfeier von Bekannten mit der Absicht, wie er sagte, Paula Kersten zurückzugewinnen. Zuvor aber holte er aus dem Nachtschränkchen seines Vaters dessen Pistole, eine italienische Beretta Kaliber 7,65, und fuhr damit gegen 19 Uhr ins Nachbardorf zum Haus seiner Freundin. Im Schatten des Anwesens stellte er sein Auto ab. Durch das erleuchtete Fenster sah er im Wohnzimmer des Erdgeschosses die Eltern und Geschwister seiner Freundin arglos beieinandersitzen. Albert Erber hastete an dem Fenster vorbei und rannte die Treppe zum ersten Stock des Einfamilienhauses hinauf, wohin sich Paula Kersten, wie er richtig vermutete, zurückgezogen hatte. Er drang in ihr Zimmer ein und verriegelte sofort die Tür hinter sich, damit »niemand stören« konnte. Paula Kersten aber wollte von ihrem Freund nichts mehr wissen und bedeutete ihm zu verschwinden. Da zog Albert

Erber die Pistole heraus, hielt sie an seinen Kopf und sagte, er werde abdrücken, wenn sie ihn nicht anhöre. Das junge Mädchen soll angeblich entgegnet haben: »Das ist mir doch egal, du kannst machen, was du willst!«

Daraufhin richtete Albert Erber die Pistole auf seine Freundin und drückte zweimal ab. Paula Kersten stürzte schwer verletzt zu Boden. Dann richtete der junge Mann die Pistole gegen sich selbst und schoss sich in die Brust. Aufgeschreckt von den durch das Haus hallenden Schüssen, brach Paulas Vater die Tür zum Zimmer seiner Tochter auf. Doch für das Mädchen kam jede Hilfe zu spät, es verstarb noch im elterlichen Haus. Das Leben des jungen Mannes konnte jedoch gerettet werden. Der 20-Jährige lag fast drei Wochen wegen seiner Schussverletzung im Krankenhaus, bevor er in Untersuchungshaft genommen wurde.

Die Staatsanwaltschaft beim Landgericht Augsburg erhob Mordanklage gegen den Lehrling, der im Ermittlungsverfahren gestanden hatte, aus Eifersucht seine 18 Jahre alte Freundin erschossen zu haben. Die Anklagebehörde wertete die Tat des jungen Mannes als heimtückisch und aus niedrigen Beweggründen begangen. Die in diesem Fall zuständige Jugendkammer des Landgerichts musste darüber entscheiden, ob wegen des Alters des Angeklagten das Jugendstrafrecht anzuwenden sei, was bedeutet hätte, dass dem 20-Jährigen eine Höchststrafe von zehn Jahren drohte. Bei einem Heranwachsenden zwischen 18 und 21 Jahren muss aber auch geprüft werden, ob das Erwachsenenstrafrecht angewendet werden kann, was zur Folge hat, dass wegen Mordes auch eine lebenslange Freiheitsstrafe in Betracht kommt.

Die Staatsanwaltschaft hatte für den anstehenden Prozess elf Zeugen und vier Sachverständige geladen. Ab dem

17. März 1980 wurde vor der Jugendkammer des Landgerichts Augsburg gegen den 20-Jährigen verhandelt. Die Rekonstruktion der Tathandlung ergab keine großen Schwierigkeiten. Der als Sachverständiger aufgetretene Landgerichtsarzt nannte das Eifersuchtsdrama »eine Tragödie zweier Kinder« und hielt die Anwendung des Jugendstrafrechts für geboten. Der Staatsanwalt forderte in seinem Plädoyer schließlich neun Jahre Jugendstrafe wegen Mordes. Er betonte, der Angeklagte habe von vornherein geplant, Paula Kersten zu töten und aus niederen Beweggründen gehandelt. Erst nach der Tat sei der Entschluss zum letztendlich missglückten Selbstmord gefallen. Der Ankläger hielt aber angesichts eines Affektstaus verminderte Schuldfähigkeit zugute. Der Nebenklagevertreter nannte dagegen die Tat »eine Hinrichtung«, der Verteidiger sprach von einem »erweiterten Selbstmord«.

Am 19. März 1980 sprach die Jugendkammer das Urteil. Der Angeklagte wurde wegen eines Verbrechens des Totschlags unter Anwendung des Jugendstrafrechts zu sieben Jahren verurteilt. Die Strafe musste Albert Erber in der Justizvollzugsanstalt Ebrach bei Bamberg absitzen. Er wurde bereits 1983 vorzeitig auf Bewährung entlassen, obwohl er eigentlich noch knapp vier Jahre Strafe hätte absitzen müssen. Er kehrte zu seinen Eltern in das Dorf im nördlichen Landkreis Augsburg zurück. Zum Jahresende 1983 wurde Albert Erber von einem wegen Mordes bereits verurteilten Gefängnisgenossen, mit dem er sich in der Justizvollzugsanstalt angefreundet und der ihn in seinem Hafturlaub im Hause seiner Eltern besucht hatte, mit 19 Messerstichen bestialisch ermordet.

Tatmotiv Ekel

Der berufs- und erwerbslose, 25-jährige Hans Fischer lebte ohne eigenes Einkommen lediglich von Sozialhilfe und Krankengeld in den Tag hinein. Seine Wohnung in der Sulzbacher Straße in Nürnberg zahlte das Sozialamt. Wenn ihm das Geld ausging, besuchte er seine Großmutter. Auch am 15. Januar 1985 war es wieder einmal so weit, der 25-Jährige übernachtete bei seiner Oma und ließ sich von ihr bekochen. Am nächsten Tag gegen zehn Uhr kehrte er in seine Wohnung zurück, langweilte sich und hörte Musik. Am Nachmittag ging er in ein China-Restaurant, später ins Kino, um einen Science-Fiction-Film zu sehen. Da die Vorstellung aber bereits begonnen hatte, kam er von diesem Plan ab.

Um die Zeit, bis die erste Disco öffnete, zu überbrücken, flipperte er in mehreren Spielsalons und spielte am Computer. Dabei trank er ununterbrochen verschiedene alkoholische Getränke. Am Abend besuchte Hans Fischer mehrere einschlägige Lokale, die sowohl der Polizei als auch dem Gericht aus vielen Verfahren bekannt waren. Die letzte Station in dieser Nacht war die »Laderhüttn«, in der zwei oder drei Nachtgestalten den Betrunkenen an den Tisch einer alten Frau setzten, die dort ebenfalls im Alkoholrausch vor sich hin dämmerte. Diese sprach ihn prompt an: »Mein Mann schlägt mich, wenn ich heimkomme. Kann ich bei dir schlafen?«

Es muss wohl Mitleid gewesen sein, das den 25-Jährigen bewog, die 60 Jahre alte Rosa Saßnitz im Morgengrauen mit dem Taxi mit zu seiner Wohnung zu nehmen. Was dann dort wirklich geschah, daran konnte sich Hans Fischer später nur noch schemenhaft erinnern. Die 60-Jährige, die 3,86 Promille im Blut hatte, und der mit 2,27 Promille auch stark betrunkene Hans Fischer lagen Rücken an Rücken im Bett und kamen sich allmählich näher. Die Frau verunreinigte dabei jedoch das Bett, und bei Hans Fischer kam Ekel auf. Er stürzte wutentbrannt ins Bad, griff eine Rasierklinge und verletzte die Frau am rechten Handgelenk. Rosa Saßnitz begann nach dieser Attacke zu schimpfen und zu kreischen. In Panik und aus Angst, die Nachbarn würden den Krach hören und die Polizei verständigen, drückte ihr der 25-Jährige daraufhin die Bettdecke so lange aufs Gesicht, bis sich die Frau nicht mehr rührte. Anschließend legte er sich zurück ins Bett neben die Frau und schlief. Drei Stunden später, gegen zehn Uhr, wachte er wieder auf und begriff erst, was passiert war. In seiner Verzweiflung verletzte sich der junge Mann in Selbsttötungsabsicht nun selbst mit der Rasierklinge am Handgelenk. Da das »total wehtat«, ließ er von seinem Vorhaben ab, rief ratlos seine Großmutter an und stammelte: »Bei mir liegt eine tote Frau.« Die alte Dame verständigte umgehend die Polizei. Die Leiche der 60-Jährigen wurde geborgen, und ihr letzter Begleiter kam in Untersuchungshaft.

15 Monate später musste sich der nun 26-Jährige vor der Schwurgerichtskammer des Landgerichts Nürnberg-Fürth wegen der Tötung von Rosa Saßnitz verantworten. Die Anklage warf ihm ein Verbrechen des Mordes begangen im Zustand verminderter Schuldfähigkeit vor. Der hoch aufgeschossene Hans Fischer, in Bluejeans und orangefarbenen Pullover gekleidet, mit nackenlangem, leicht gelocktem Haar, saß während der Befragung zur Sache etwas unbeholfen neben seiner Verteidigerin. Es fiel ihm sichtlich schwer, sich an jenen verhängnisvollen Tag zu erinnern.

Der Staatsanwalt forderte in seinem Plädoyer wegen Mordes im Zustand erheblich verminderter Steuerungsfähigkeit zwölf Jahre Freiheitsentzug. Die Pflichtverteidigerin sah nur den Tatbestand der Körperverletzung mit Todesfolge erfüllt. Zum Strafmaß stellte sie keinen Antrag. Am dritten Verhandlungstag verurteilte die Schwurgerichtskammer den ledigen Hans Fischer wegen eines Verbrechens des Totschlags zu zehn Jahren Freiheitsentzug. Der vorsitzende Richter erinnerte in seiner knappen, auf die entscheidenden Punkte konzentrierten Urteilsbegründung an die vorangegangene ausgedehnte Zechtour des Angeklagten. Zu dessen Gunsten, so der Richter weiter, gehe man bei der Beurteilung der Tat von einem Blutalkoholgehalt von höchstens 2,27 Promille aus. Nach eingehender Beweisaufnahme hielt sich das Gericht an das Geständnis von Hans Fischer kurz nach seiner Festnahme. Als es ihn vor der Frau ekelte, habe der junge Mann beschlossen, diese zu töten, und zwar »mit direktem Vorsatz«.

Der vorsitzende Richter begründete, weshalb die Mordqualifikationen »zur Verdeckung einer Straftat« und »Heimtücke« entfielen. Man müsse das Vorgehen des Angeklagten als »eine Handlung mit drei Anläufen« bewerten, eine Strafminderung wegen Trunkenheit sei nicht in Frage gekommen, weil Hans Fischer wegen Gewalt gegen Personen vorbestraft sei und wisse, wie er unter Alkohol reagiere.

Messerattacken

1973 verließ der 23-jährige Branismir Kavoszik seine Heimat im ehemaligen Jugoslawien, um im Westen ein neues Leben zu beginnen. Der junge Mann fand in Ingolstadt eine Bleibe und Arbeit als Elektroschweißer bei einem mittelständischen Unternehmen. Bei einem Besuch in seiner Heimat lernte Kavoszik im August 1974 die gerade 18 Jahre alte Elisabetha Juralowisz kennen. Nach nur vier Monaten heirateten die beiden, und die junge Frau zog ihrem Mann nach Ingolstadt nach. Zwei Jahre später schien nach der Geburt des lang ersehnten Kindes das Glück vollkommen, jedoch fühlte sich die junge Mutter in ihrer neuen Rolle nicht recht wohl. Nach Auffassung von Branismir Kavoszik vernachlässigte sie das Kleinkind sträflich. Sie stand erst gegen elf Uhr auf, um sich um das längst hungrige Kind zu kümmern. Wenn der junge Mann seine Frau darauf ansprach, wurde sie laut und schrie auf ihn ein. Die Streitigkeiten wurden zunehmend schlimmer, ein Intimleben zwischen den beiden bestand bereits seit August 1978 nicht mehr. »Sie hatte ein Messer unter dem Kopfkissen, und ich habe dann in einem anderen Zimmer geschlafen«, wird Kavoszik später aussagen. Der leicht verletzbare und wenig durchsetzungsfähige Mann erlaubte seiner Frau zudem nicht, sich außer Haus zu verwirklichen und Arbeit zu suchen, außerdem teilte er ihr nur wenig Geld zu.

Schon bald legte sich Elisabetha Kavoszik ob der häuslichen Krise einen Geliebten zu. Zweimal, im Jahr 1978 und im Januar 1980, fuhr die Frau mit einem über die Krankenkasse ihres Ehemanns ausgestellten Krankenschein nach Jugoslawien und ließ dort abtreiben. Die Streitigkeiten zwischen den Eheleuten mehrten sich, Branismir Kavoszik drohte seiner Gattin wiederholt, sich umzubringen, und unternahm sogar einen Selbsttötungsversuch. Schließlich einigten sie sich auf Betreiben von Elisabetha Kavoszik, sich am 1. März 1980 offiziell zu trennen.

Knappe drei Wochen vor diesem Termin kam es aber zur Katastrophe. Kavoszik kam am 10. Februar 1980 gegen

19 Uhr von der Arbeit heim und traf Frau und Tochter in der Küche beim Essen an. Es kam erneut zum Streit, während dem er seine Gattin mit Vorwürfen überhäufte. Zornig sprang die Frau auf und ging mit einem Messer, das sie gerade in der Hand hielt, auf ihren Mann los. Branismir Kavoszik konnte jedoch ausweichen, nahm seinerseits ein Messer mit einer 17 Zentimeter langen Klinge aus der Schublade des Küchenschranks und stach dann »aus Zorn über ihr Verhalten und weil aus seiner Sicht ihre Macht noch größer geworden wäre, wenn er zurückgesteckt hätte«, auf seine Frau ein. Von aufmerksam gewordenen Wohnungsnachbarn wurde die Polizei verständigt. Elisabetha Kavoszik konnte jedoch nicht mehr gerettet werden, an einem der drei blindlings, aber mit voller Wucht geführten Stiche in ihren Oberkörper verblutete sie. Branismir Kavoszik wurde festgenommen und kam in Untersuchungshaft.

Acht Monate später, ab dem 2. Oktober 1980, kam es vor der Schwurgerichtskammer des Landgerichts München II zum Prozess. Die Verhandlung begann mit Verspätung. Branismir Kavoszik hatte in der Nacht zuvor in seiner Stadelheimer Zelle einen Selbsttötungsversuch unternommen. Er hatte sich mit einer Rasierklinge einen tiefen Schnitt in der rechten Armbeuge beigebracht. Der Angeklagte verletzte jedoch kein großes Blutgefäß, sodass er – vom Psychiater als verhandlungsfähig bezeichnet – nach der Versorgung der Wunde vorgeführt werden konnte. Der nun 30 Jahre alte Elektroschweißer musste sich wegen Totschlags verantworten, weil er nach Auffassung der Staatsanwaltschaft seine 24-jährige Frau »bewusst und gewollt« durch Stiche in den Oberkörper getötet hatte.

Der Angeklagte versicherte, er habe seine Frau, die mit einem Messer auf ihn losgegangen sei, nur erschrecken wollen. »Ich habe ein Messer aus der Schublade geholt und zugestochen. Ich habe nicht gesehen wohin, aber einen Widerstand gespürt. Als ich wieder zu mir gekommen bin, habe ich gesehen, dass sie blutet. Sie hat mich mit dem Messer herausgefordert, und da habe ich die Besinnung verloren. Zornig bin ich gewesen, weil ich gedacht habe, dass sie, wenn nicht mich, dann das Kind umbringt. Ich habe ungezielt zugestochen, wollte sie nur verletzen, ihr einen Denkzettel verpassen«, so lauteten die Schilderungen des Angeklagten von jenem verhängnisvollen Abend.

Der Ankläger beantragte wegen eines Verbrechens des Totschlags zehn Jahre Freiheitsentzug. Der Verteidiger plädierte auf einen minderschweren Fall des Totschlags. Die Schwurgerichtskammer verurteilte Branismir Kavoszik schließlich »trotz einer Vielzahl von Milderungsgründen« wegen Totschlags zu einer Freiheitsstrafe von acht Jahren. Das Gericht war zu der Überzeugung gelangt, dass Branismir Kavoszik mit bedingtem Tötungsvorsatz gehandelt habe. Eine Notwehrlage habe nicht vorgelegen, und der Angeklagte habe sich auch gar nicht auf eine solche berufen. Einen minderschweren Fall des Totschlags verneinte das Gericht. Soweit er provoziert worden sei, sei er daran nicht unschuldig gewesen, denn »er hat zu den Streitereien nachdrücklich beigetragen«, so der Gerichtsvorsitzende. Zweierlei war vom Gericht als besonders erschwerend gewertet worden: das brutale Vorgehen und die Anwesenheit des vierjährigen Kindes, das »das Töten seiner Mutter mit ansehen musste«. Der Totschlag weiche leider nicht vom Normalfall ab, konstatierte der Gerichtsvorsitzende: »Bei den letzten 70 Verhandlungen dieses Gerichts handelte es sich bei gut der Hälfte aller Fälle um Partnerschaftskonflikte mit tödlichem Ausgang.«

Familiendrama

Die Scheuerer-Siedlung am Rande der Kleinstadt Geisenfeld in Oberbayern ist das, was man im Allgemeinen als »Schlafsiedlung« bezeichnen würde: ein paar schmucklose Wohnblocks im Grünen mit einem kleinen Kinderspielplatz in der Nähe. Die Bewohner kennen sich, wenn auch meist nur flüchtig. Daher ahnte auch niemand, was für ein Drama sich im Haus Nr. 7, einem Wohnblock mit acht Wohnungen, anbahnte.

Die im italienischen Palermo geborene Maria Calabrese kam 1966 als Zwölfjährige mit ihren Eltern und den zwei Brüdern nach Bayern. Mit 19 Jahren heiratete sie den 25 Jahre alten Karl-Heinz Puschner, der seinen Lebensunterhalt als Schrotthändler bestritt. Die Eheleute bekamen in den folgenden Jahren fünf Kinder: 1974 kam Andreas zur Welt, zwei Jahre später Tamara, 1978 Sascha und 1980 das Zwillingspärchen Patrick und Patricia. Ein gemütliches Heim fand die große Familie in der Scheuerer-Siedlung.

Im Laufe der Jahre entwickelte sich Karl-Heinz Puschner jedoch zu einem regelrechten Tyrannen, der seine Kinder schlug und Angst und Schrecken verbreitete, wenn er, oft angetrunken, nach Hause kam. Daher entschloss sich die fünffache Mutter im November 1985, die Scheidung einzureichen. Über ihren Rechtsanwalt erwirkte sie die formale Trennung auf Zeit. Doch Karl-Heinz Puschner machte zunächst keinerlei Anstalten auszuziehen. Erst Wochen später mietete sich der Schrotthändler ein Zimmer in München, kam aber trotzdem mittwochs und an Wochenenden in die eheliche Wohnung. Sobald er dort eintraf, drangsalierte er die fünf Kinder. Die Wohnungsnachbarn hörten regelmäßig die Schreie der Kinder, die aus Angst vor Schlägen meist zu einer hilfsbereiten befreundeten Nachbarin, bei der sie auch sonst häufig zu Besuch waren, flüchteten.

Mitte Februar des Jahres 1986 wunderte sich diese Frau, dass die Kinder trotz getroffener Verabredung ausblieben. Sie dachte sich anfangs jedoch nichts dabei, weil die fünf schon einige Male mit Hausarrest bestraft worden waren und kurzfristig zu Hause bleiben mussten. Am Samstag, dem 16. Februar 1986, kam wie üblich der Bäcker in die Siedlung. Ihm fiel auf, dass in der Wohnung der Puschners etwas nicht stimmen konnte. Da rührt sich keiner, obwohl das Licht in der Küche brennt, wunderte er sich. Die Fensterjalousien waren, als er eintraf, geschlossen, wenig später aber geöffnet worden. Am Sonntagabend wurde Maria Puschners Bruder, der in Geisenfeld eine Pizzeria besaß, ebenfalls unruhig, weil seine Schwester nicht zum Bedienen kam. Er fuhr gemeinsam mit seinem Bruder in der Siedlung vorbei und schaute von außen über den Balkon in die Wohnung. Zu seinem Entsetzen sah er dort einen leblosen Körper liegen. Der zweite Bruder eilte daraufhin an die andere Seite des Hauses und schaute durch das Fenster des Schlafzimmers, dort erblickte er seine Schwester im Bett. Als Polizei und Feuerwehr die Wohnungstür aufbrachen, wurde das ganze Ausmaß des Familiendramas erst deutlich: In den Kinderzimmern waren Patrick, Patricia, Sascha, Tamara und Andreas regelrecht »aufgebahrt«. Wie schlafend lagen sie in ihren Betten, jedes mit einem Teddybären im Arm. Die Mutter lag tot im Schlafzimmer, im Esszimmer der tote Vater.

Was geschehen war, konnte die Polizei nur mühsam rekonstruieren. Der Schrotthändler muss sich gegen die von seiner Frau angestrebte Scheidung mit allen Mitteln gesträubt haben. Bei seinem Besuch am Mittwoch, dem 13. Februar 1986, hatte er wohl den Entschluss gefasst, seine Familie zu töten. Vermutlich betäubte er seine Kinder und seine Frau mit einem Medikament, bevor er sie erwürgte. Zwischen den Eheleuten muss es noch zu einem Kampf gekommen sein, doch konnte sich die benommene Frau nicht ausreichend wehren. Das Drama muss sich aller Wahrscheinlichkeit nach schon in der Nacht zum Donnerstag, dem 14. Februar 1986, abgespielt haben. Wann sich Karl-Heinz Puschner das Leben genommen hat, konnte nicht genau festgestellt werden. Nachbarn wollten ihn noch am Freitag oder Samstag lebend gesehen haben. Er hatte sich die Pulsadern aufgeschnitten und war verblutet. Nicht ahnend, dass ihr Schwager selbst unter den Toten war, schworen die Brüder der getöteten Ehefrau bei der Entdeckung der Leichen: »Das muss er uns zehnmal büßen.«

Entscheidung zwischen Ehefrau und Geliebter

Durch den Betrieb einer Tankstelle in Frankfurt konnte sich Rudolf Schmidt auf der Ferieninsel Lanzarote eine sonnige Wohnung leisten. Nachdem er das Geschäft aufgab, um als Pensionär ein sorgenfreies Leben zu führen, genoss er das Rentnerdasein auf der Insel. Dort begann der 65-Jährige eine Affäre mit einer 18 Jahre jüngeren Frau, mit der er schließlich jahrelang nur mit kurzen Unterbrechungen auf Lanzarote lebte, während seine 55-jährige Ehefrau Gisela Schmidt nichts ahnend und aufgrund immer neuer Vorwände in Frankfurt blieb.

Am 28. September 1986 fuhr das Ehepaar Schmidt mit dem eigenen Wagen von Frankfurt nach München. Im

Parkhaus des Flughafens München-Riem stellten sie das Auto ab, denn nach langer Zeit war wieder eine gemeinsame Reise auf die Kanarischen Inseln geplant. Dort hielt sich jedoch auch die Geliebte des Rentners auf, sodass Rudolf Schmidt diesmal nicht mehr umhin kam, seiner Frau einzugestehen, dass sie auf Lanzarote auch seine Geliebte vorfinden würde. Gisela Schmidt reagierte auf diese Eröffnung hysterisch mit Geschrei und Drohungen. Sie rannte zurück zum Auto und griff ins Handschuhfach, in dem sich eine Pistole befand. Rudolf Schmidt wurde wütend, er zog seine Frau aus dem Auto und nahm ihr die Waffe ab. Ohne Zögern zielte er auf den Kopf seiner Ehefrau und gab aus unmittelbarer Nähe drei Schüsse ab. Sie sackte auf der Stelle tot zusammen. Der Rentner ließ sie im Parkhaus liegen, nachdem er ihr Schmuck und 30 000 Mark Bargeld abgenommen hatte, und flog nach Lanzarote. Die örtlich zuständige Polizei konnte die Identität der Leiche im Parkhaus des Flughafens schnell feststellen. Während sich die Ermittlungen auf den Ehemann der Toten konzentrierten, war Rudolf Schmidt bereits nach Frankfurt zurückgekehrt und meldete sich schon fünf Tage nach der Tat gemeinsam mit seinem Anwalt bei der Polizei. Den Beamten gab er genau abgewogene Aussagen zum Tathergang zu Protokoll. Der Rentner kam in Untersuchungshaft.

Ein Jahr nach dem Geschehen musste sich Rudolf Schmidt vor der Schwurgerichtskammer des Landgerichts München I verantworten. Die Anklage lautete auf Mord aus Heimtücke und Habgier. Der Staatsanwalt unterstellte dem Angeklagten, dass er seine Frau beseitigt habe, um sich ein »spätes Glück« mit seiner 18 Jahre jüngeren Freundin zu sichern. Nach der Beweisaufnahme rückte der Ankläger jedoch vom Mordvorwurf ab und beantragte wegen eines Verbrechens des Totschlags zehn Jahre Freiheitsstrafe. Der Verteidiger erachtete eine Strafe von fünf bis sechs Jahren für ausreichend. Die Schwurgerichtskammer verurteilte den ehemaligen Tankstellenbesitzer schließlich wegen Totschlags an seiner 55-jährigen Ehefrau, begangen in nicht ausschließbarem Zustand erheblich verminderter Schuldfähigkeit zu acht Jahren Freiheitsstrafe. Der Angeklagte, der außerdem der Unterschlagung von Schmuck und Bargeld für schuldig befunden worden war, nahm das Urteil noch im Gerichtssaal an. Bei Schmidt habe zur Tatzeit infolge eines affektiven Ausnahmezustands eine tief greifende Bewusstseinsstörung vorgelegen, erläuterte ein Gutachter. »Zweifel hinsichtlich des wirklichen Tatgeschehens« waren geblieben, so der Gerichtsvorsitzende. Eine geplante Tat aber lasse sich nicht nachweisen, »möglicherweise liegt die Wahrheit wie so oft in der Mitte«, sagte er.

Nach dem Grundsatz »im Zweifel für den Angeklagten« konnte dem Urteil im Wesentlichen nur die nicht widerlegbare Darstellung Schmidts zugrunde gelegt werden. Strafmildernd wurde das bisher straffreie Leben des Angeklagten berücksichtigt sowie seine durch Alter und Herzerkrankung erhöhte Haftempfindlichkeit, zudem hatte der Rentner Reue gezeigt und sich fünf Tage nach der Tat der Polizei gestellt.

»Stirb doch endlich, du Schlampe«

Der 37-jährige gelernte Elektroniker und Langzeitarbeitslose Blasius Hoffmann heiratete im Mai 2002 die 29 Jahre alte Elsbeth Blümchen. Ein ideales Paar waren die beiden nur insofern, als beide gern dem Alkohol zusprachen.

Beide arbeitslos, lebten sie in den Tag hinein und gaben das wenige Geld überwiegend für Bier und Schnaps aus. Die leeren Flaschen standen zu Dutzenden um das Bett herum. Immer wieder gab es Streit, zumeist wegen ihrer Finanznot. Blasius warf seiner an Bulimie leidenden Frau regelmäßig vor, zu viel Geld für Lebensmittel auszugeben. Dass Blasius und Elsbeth Hoffmann einmal gleichzeitig nüchtern waren, kam so gut wie nie vor.

An einem Dienstag im August 2003 eskalierte die Situation in der beengten Einzimmerwohnung der Eheleute, in der die Couch als Bett diente. Nachdem das Paar den ganzen Tag über im Bett gelegen und eine Bierflasche nach der anderen geleert hatte, kam es zu einer Auseinandersetzung, in deren Verlauf Blasius Hoffmann vollkommen ausrastete. Er ging auf seine Partnerin los, würgte sie und schlug ihr immer wieder mit einer Flasche auf den Kopf. »Stirb doch endlich, du Schlampe«, schrie er außer sich und drohte sie umzubringen. Der mit 2,4 Promille Alkohol im Blut schwer alkoholisierte Blasius Hoffmann ließ erst von seinem Opfer ab, als es sich tot stellte. Der lautstarke Streit war den Nachbarn nicht verborgen geblieben, die umgehend die Polizei benachrichtigten. Elsbeth Hoffmann kam zur Wundversorgung ins Krankenhaus, Blasius ins Gefängnis.

Am Mittwoch, dem 11. Februar 2004, kam es vor der Großen Strafkammer des Landgerichts Ingolstadt zur Gerichtsverhandlung. Der Angeklagte zeigte sich im Großen und Ganzen geständig und gab an, dass es oft Streit gegeben habe. »Ein Wort hat das andere gegeben. Da habe ich mich umgedreht und sie geschlagen«, sagte er vor Gericht. Während er das Würgen einräumte, leugnete er, seine Frau auch mit einer Bierflasche traktiert zu haben. »Ich habe nicht mit einem Fremdkörper zugeschlagen«, sagte er.

»Komischerweise hat sie aber eine ganz schöne Platzwunde am Kopf«, hakte der vorsitzende Richter nach. Die Frau hatte zudem eine Schädelprellung davongetragen, und ihr linker Daumen war infolge der Attacke verdreht. Ihr Mann hatte erst von ihr abgelassen, als sie sich tot stellte, erklärte Elsbeth Hoffmann kurz nach der Tat, vor Gericht schwieg sie aber. Klare Worte sprach dagegen die Mutter des Angeklagten: Ihr Sohn sei »ein wunderbarer Mensch«, solange er nüchtern sei. Unter Alkoholeinfluss raste er aber sofort aus, machte sie in aller Deutlichkeit klar. Er trinke seit seinem 16. Lebensjahr und habe sowohl seine frühere Freundin als auch seine bisherigen Frauen geschlagen.

Der Staatsanwalt klagte Blasius Hoffmann wegen versuchten Totschlags und gefährlicher Körperverletzung an und forderte fünf Jahre Freiheitsentzug. Der Verteidiger wollte von einer Tötungsabsicht seines Mandanten jedoch nichts wissen und hielt eine Freiheitsstrafe von dreieinhalb Jahren wegen gefährlicher Körperverletzung für angemessen. Die Strafkammer verhängte schließlich vier Jahre Haft und ordnete die Einweisung des Angeklagten in eine Entziehungsanstalt an. In seiner Begründung führte der Richter aus, dass Blasius Hoffmann zunächst zwar mit bedingtem Tötungsvorsatz gehandelt habe, aber im letzten Moment davon abgerückt sei und von seinem Opfer abgelassen habe. Mit der Einweisung in eine Entziehungsanstalt wollte die Strafkammer dem Mann noch einmal die Chance geben, sein Leben in den Griff zu bekommen.

Kriminalfälle, die die Welt schockierten

Mark Benecke
MORDMETHODEN
Ermittlungen des bekanntesten
Kriminalbiologen der Welt
Sachbuch
352 Seiten, 16 Seiten mit
35 s/w Abbildungen
ISBN 978-3-404-60545-3

Seine Assistenten sind Würmer, Maden und Insekten. Mit ihrer Hilfe kann Mark Benecke Todesumstände von Verbrechensopfern exakt nachweisen. Und oft ist der Täter dann nicht mehr weit. Schauen Sie dem Autor über die Schulter! Mark Benecke erzählt kurzweilig von Kriminalfällen, die die Öffentlichkeit in Atem hielten, schätzt die Ermittlungen aus seiner Sicht neu ein, weist auf folgenschwere Versäumnisse hin. Dabei schöpft er aus seinem riesigen Wissensschatz und zeigt die Fortschritte in der naturwissenschaftlichen Kriminalistik auf. Ein Buch, das man an langen Abenden gern zur Hand nimmt, während draußen der Wind heult. Es wird Sie gruseln – und faszinieren!

Bastei Lübbe Taschenbuch

Neues vom Shooting-Star der internationalen Kriminalbiologen

Mark Benecke
DEM TÄTER AUF DER SPUR
So arbeitet die moderne
Kriminalbiologie
Sachbuch
336 Seiten mit
94 Abbildungen im Text
ISBN 978-3-404-60562-0

Während die Rechtsmedizin sich in erster Linie auf die Feststellung der Todesursache konzentriert, ist die Kriminalbiologie eher dem Täter auf der Spur. Mithilfe verschiedener Methoden wie dem »Genetischen Fingerabdruck« und der Analyse von Insekten auf Leichen, von Täterspuren und von Funden am Tatort versucht diese Wissenschaftsdisziplin, wichtige Hinweise für die kriminalistischen Ermittlungen zur Verfügung zu stellen. Mark Benecke erklärt die Arbeitsweise der Kriminalbiologie und geht der Frage nach, warum die DNA-Typisierung so sicher ist wie keine andere kriminalistische Methode – und dennoch viele Menschen verunsichert. Ein Buch wie ein Krimi: spannend, packend, informativ.

Bastei Lübbe Taschenbuch

Der Serienknüller als Superstar

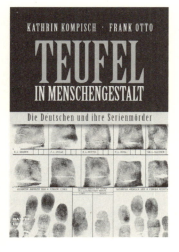

Kathrin Kompisch/Frank Otto
TEUFEL
IN MENSCHENGESTALT
Die Deutschen und
ihre Serienmörder
Sachbuch
208 Seiten
ISBN 978-3-404-60571-2

Die Massenmedien unserer Tage küren den Serienmörder zum Superstar und gewähren ihm in den Schlagzeilen einen Vorzugsplatz. Denn der Mehrfachmörder ist Garant für steigende Auflagenzahlen von Boulevardblättern. Anhand von zehn Beispielen untersuchen Kompisch und Otto, welcher Stereotypen sich die deutschen Medien nach 1945 bedienen, um Serienmörder darzustellen. Sie entschlüsseln, in welcher Weise sie das tun, und schildern den medialen Umgang mit aufsehenerregenden Serienmordfällen – von Rudolf Pfeil (1950) bis hin zu Olaf Däter (2001). Eine Lektüre, die einen garantiert gruseln lässt!

Bastei Lübbe Taschenbuch

»Alle Geschichten, die Häusler in seine Büchern verarbeitet, sind wahr.«
SÜDDEUTSCHE ZEITUNG

Karl Häusler
TÖDLICHE LUST
Wenn Männer
sich an Frauen vergehen und
zu Mördern werden
Sachbuch
192 Seiten
ISBN 978-3-404-60576-7

Vergewaltigungen sind die brutale Seite der männlichen Lust. Häufig sehen Männer, die ihre Sexualität nicht unter Kontrolle haben und sie gewaltsam an Frauen ausleben müssen, im Mord den letzten Ausweg für sich. Doch was geht in den Beteiligten wirklich vor? Die Boulevardpresse stempelt solche Täter in der Regel als Bestien ab, ohne sich für deren Vorgeschichte zu interessieren. Und für die Opfer und deren Angehörige interessiert sich ohnehin keiner. Karl Häusler, ein Kriminalist mit großer Erfahrung, widmet sein neues Buch mit authentischen Kriminalfällen diesem dunklen Kapitel männlicher Triebe.

Bastei Lübbe Taschenbuch